はじめ

１年生の担任って、たいへんそう！　[illegible]護者にどう接すればいいだろう？

不安がいっぱいの先生も、楽しみでい[illegible]の先生も、これから始まる１年間をぜひ楽しんでいただきたいと思い、この本をつくりました。

５年間連続で１年生の担任をしたこと、そして、１年生で担任した子どもたちを再び６年生でも担任することができたことから、１年生のときに大切にすべきことは何かをしっかりとつかみ取ってきました。それは、どんな姿で小学校を卒業していってほしいのかを、担任の教師が明確にイメージして指導を行うこと。そうした確かなビジョンを携えながら力を尽くしていけば、子どもにも保護者にも信頼が得られるようになります。

１年生を担任することで、それまでに担任していた２～６年生では気付けなかったことが見えてくるはずです。それぞれの学年で当たり前にできていることは、１つ前の学年における指導の積み重ねの成果だったことも実感できます。そうしたことが確信できれば、「今、この時期だからこそ、何を大切して指導すればいいのか」が担任として考えられるはずです。

１年生のときに培った学び方や人間関係の築き方は、子どもにも保護者にも基礎・基本となり培われていきます。「夢や願いを実現させるために努力する大切さ」「友だちとともに学び合う楽しさ」の種を１年生で蒔けば、必ずや芽が出て、それぞれに花を咲かせていくことでしょう。

種を蒔くときには、子どもたちが喜ぶかわいいイラストがあれば、教室中がもっと明るくあたたかくなり、彩り豊かな毎日になります。

ぜひ、目の前の子どもたちと一緒に、楽しい毎日を創っていってください！

2024年2月

生武智子&イクタケマコト

CONTENTS

CHAPTER 1 子どもが喜ぶ！ 教室が楽しくなるテンプレート&イラスト素材

CHAPTER 2

まずはここを押さえる！
1年生担任の基本の「き」

CHAPTER 3

スタートが肝心！
入学準備＆入学式からの1週間

CHAPTER 4 クラスがまとまるツボはここ！ 最初の1か月

CHAPTER 5 学びの土台をつくる！ 1年生の授業のつくり方

CHAPTER 6 信頼関係がみるみるアップ！ 保護者対応のポイント

ご購入・ご利用の前に必ずお読みください

本書収録のデータについて

本書CHAPTER 1（p.12〜39）では、小学１年生の担任の先生が使いやすいテンプレートやイラスト素材を紹介しています。

収録素材の使い方

CHAPTER 1のそれぞれの項目における最初のページ上部に掲載されているQRコードから弊社管理のGoogleドライブにアクセスし、そこから各素材データをダウンロードしてご活用ください。

QRコードからリンクにアクセスできない場合や素材データがダウンロードできない場合、教員の方が使用される端末アカウントの自治体や学校のセキュリティの設定が原因となることがあります。その場合、個人の端末やアカウントをご使用いただくと、ダウンロードできる場合があります。

また、本書発行後にGoogleドライブの機能が変更された場合、素材データのダウンロードができなくなる可能性があります。また、そのことによる直接的、または間接的な損害・被害等のいかなる結果について、著者ならび弊社では一切の責任を負いかねます。あらかじめご理解、ご了解ください。

データのファイル形式など

収録されているデータには、PDFデータ（.pdf形式）とPNGデータ（.png形式）の２種類があります（データはWindowsで作成されています）。

PDFデータはそのまま印刷して、また、PNGデータは背景が透明になっているデータ形式となるため、他のイラストや文字との組み合わせなども楽しみながらご活用ください。

データのカラー

収録データは、すべてカラー版とモノクロ版があります。カラー版はファイル名の末尾に「c」が、モノクロ版はファイル名の末尾に「m」が付いています。

印刷のポイント

テンプレートのデータはA4またはA3、壁面かざり用のイラストデータはA3サイズ出力を前提に作成しています。また、イラストのデータは、7cm程度の使用サイズをイメージして作成しています。あまり拡大しすぎると画像が粗くなり、イラストの線がギザギザに見える場合もありますので、ご了承ください。

カラー版については、パソコンの環境やプリンタの設定などで、印刷した色調が本書に掲載している色調と多少異なることがあります。

使用許諾範囲

本書収録の素材データについての著作権・使用許諾権・知的財産権・商標権は、すべてイクタケマコトに帰属し、お客様に譲渡されることはありません。本書収録のデータは、無断で商業目的に使用することはできません。購入された個人または法人・団体が、営利目的ではない私的な目的(学校内や自宅などでの利用)の場合のみ、本書収録の素材データを用いて印刷物、学校の公式サイトをはじめとしたWebコンテンツ、動画配信を作成することができます。ただし、ロゴやアイコンでの使用は禁じます。

＊ご使用の際に、クレジット表記や使用申請書提出の必要はありません。

CHAPTER

1

子どもが喜ぶ！

教室が楽しくなるテンプレート&イラスト素材

1 ネームカード

データは
こちらから！

ドキドキでいっぱいの入学式も、かわいいイラスト入りのネームカードを目にすれば、子どもたちからは満面の笑顔があふれます！

ネームカード①　1-1-001

ねん　くみ

なまえ

ネームカード②　1-1-002

ねん　くみ

なまえ

ネームカード③　1-1-003

ねん　くみ

なまえ

ネームカード④　1-1-004

ネームカード⑤　1-1-005

ネームカード⑥　1-1-006

ネームカード⑦　1-1-007

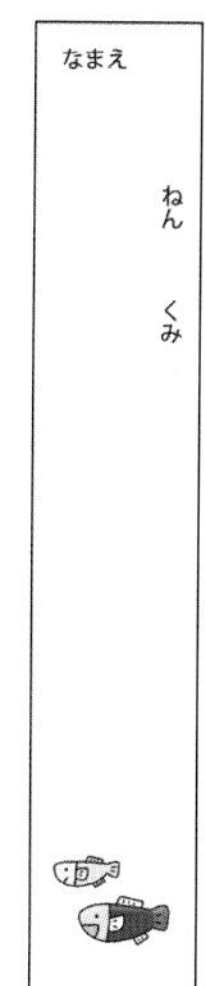

ネームカード⑧　1-1-008

わくわく POINT!

データは、同じものの4枚つづりと4種類セットのバージョンもあります。用途に応じて印刷しながら活用できます。

図画工作科の時間に描いた絵や作品に貼り付けたりできます。

2 時間割＆年間スケジュール表

データはこちらから！

「どんな勉強をするのかな？」「どんな行事があるのかな？」
子どもたちのわくわくを引き出すテンプレートです！

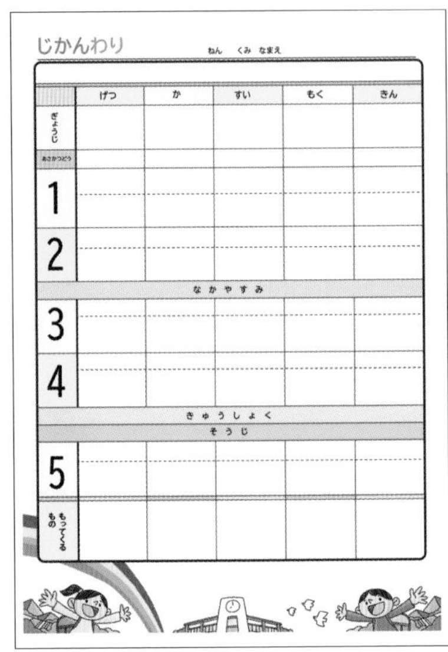

じかんわり　ねん　くみ　なまえ

	げつ	か	すい	もく	きん
ぎょうじ					
あさかつどう					
1					
2					
なかやすみ					
3					
4					
きゅうしょく					
そうじ					
5					
もってくるもの					

時間割①　1-2-001

じかんわり　ねん　くみ　なまえ

	げつ	か	すい	もく	きん
ぎょうじ					
あさかつどう					
1					
2					
なかやすみ					
3					
4					
きゅうしょく					
そうじ					
5					
もってくるもの					

時間割②　1-2-002

1年のスケジュール

4月	5月	6月	7月	8月	9月	10月	11月	12月	1月	2月	3月

年間スケジュール表①　1-2-003

ねん　くみ　スケジュール

4月		10月	
5月		11月	
6月		12月	
7月		1月	
8月		2月	
9月		3月	

年間スケジュール表②　1-2-004

わくわく POINT!

クラスや学年、学校の行事を書いて、教室に掲示しておくと意識づけができます。

特に「年間スケジュール表」は、1年の流れを書いておくことで、保護者会（▶P.104～105）での共有化にも役立ちます。

3 目標カード＆班・ふりかえりカード

データはこちらから！

目標やめあて、そして、ふりかえりを自分で考えたりまとめたりしていくことは、１年生からしっかり取り組ませていきましょう！

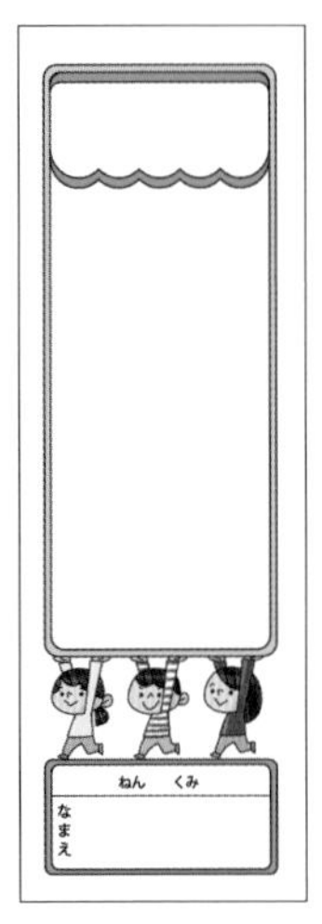

目標カード①　1-3-001

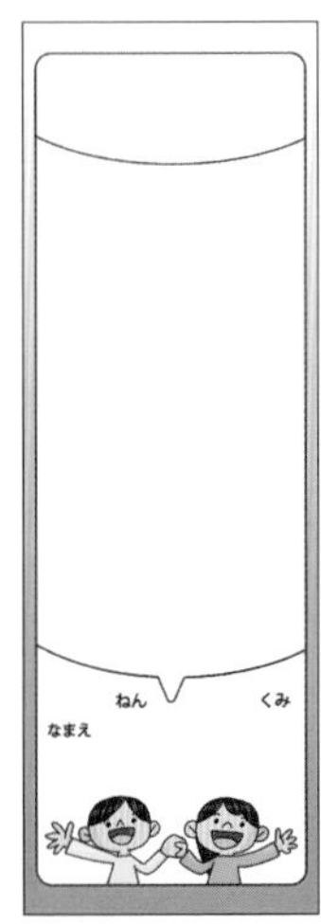

目標カード②　1-3-002

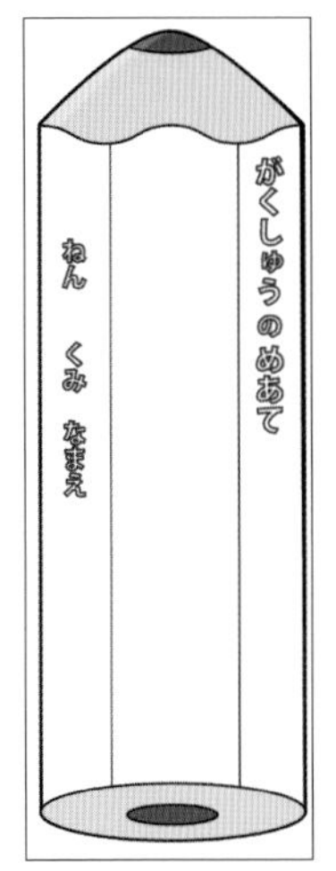

目標カード③　1-3-003

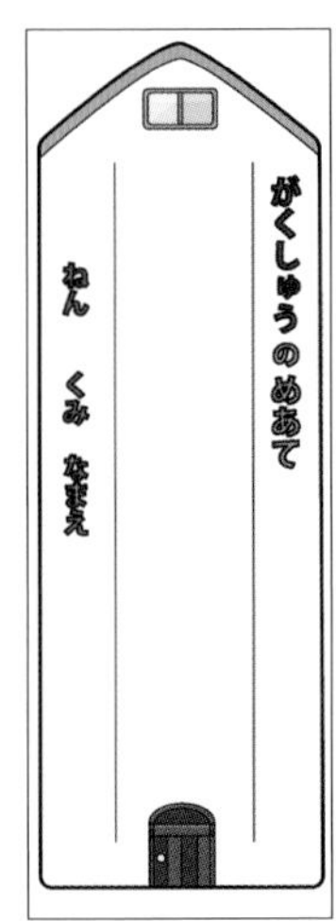

目標カード④　1-3-004

班カード① 1-3-005

◎メンバー
はん
◎めあて

班カード② 1-3-006

せいかつのふりかえり
がんばったこと
もうすこしだったこと
これからがんばりたいこと
ねん くみ なまえ

ふりかえりカード① 1-3-007

がくしゅうのふりかえり
がんばったこと
もうすこしだったこと
これからがんばりたいこと
ねん くみ なまえ

ふりかえりカード② 1-3-008

わくわく POINT!

「目標カード」のデータは、同じものの2枚つづりのバージョンもあります。学期はじめや月はじめのほか、行事に取り組む際にも使えます。また、七夕かざりにもおすすめ！

「班カード」は、遠足や町探検などの行事にも役立ちます。

4 係活動カード＆当番表

データは
こちらから！

子どもたちは、自分がどの役割なのかが分かりやすいと、自ら行動して係活動や当番に取り組むようになります！

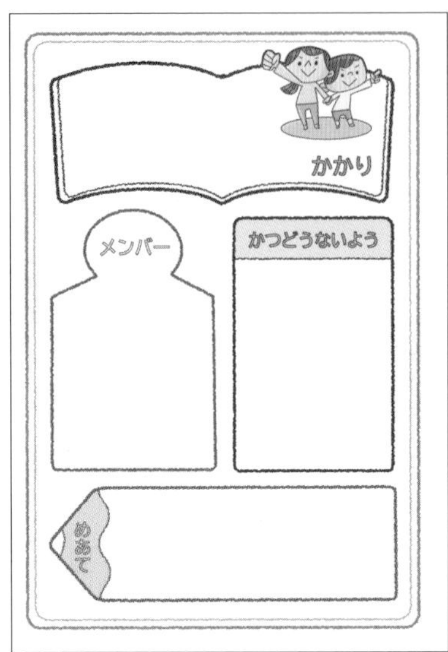

係活動カード①　1-4-001

かかりのなまえ
メンバー
かつどうないよう
めあて

係活動カード②　1-4-002

当番表①　1-4-003

当番表②　1-4-004

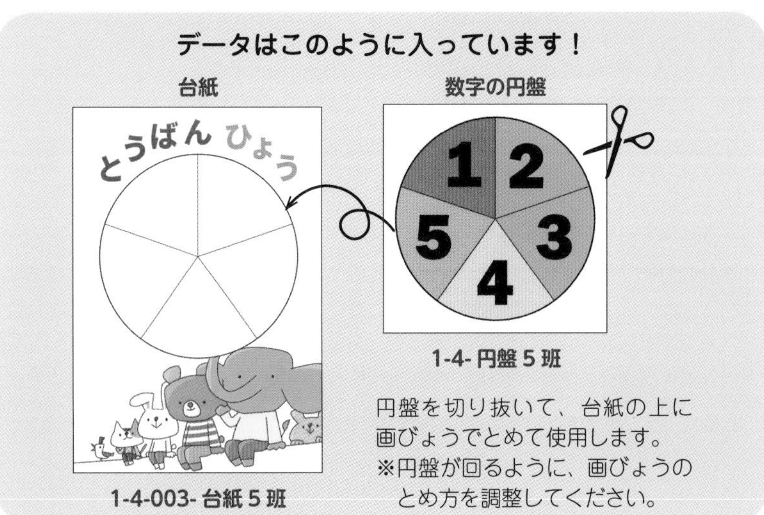

円盤を切り抜いて、台紙の上に画びょうでとめて使用します。
※円盤が回るように、画びょうのとめ方を調整してください。

わくわく POINT!

「係活動カード」は、グループでも、一人一役でも使えます。自分が見つけた仕事を書かせていくといいです。

「当番表」は、4班～8班まであります。

5 メダル

データは
こちらから！

子どもの意欲・やる気をグッと引き出すアイテムの１つがメダルです。さまざまなシーンで子どもたちにかけてあげましょう！

メダル① 1-5-001

メダル② 1-5-002

メダル③ 1-5-003

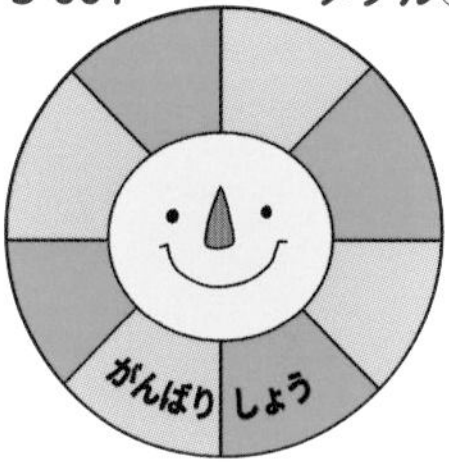

メダル④ 1-5-004

メダル⑤ 1-5-005

メダル⑥ 1-5-006

メダル⑦ 1-5-007

メダル⑧ 1-5-008

メダル⑨ 1-5-009

メダル⑩ 1-5-010

メダル⑪　1-5-011

メダル⑫　1-5-012

メダル⑬　1-5-013

メダル⑭　1-5-014

メダル⑮　1-5-015

メダル⑯　1-5-016

メダル⑰　1-5-017

メダル⑱　1-5-018

メダル⑲　1-5-019

メダル⑳　1-5-020

いいね！

メダル㉑　1-5-021

メダル㉒　1-5-022

わくわく POINT!

「メダル」は、スズランテープを付けたり、カードケースに入れたりすると、よりメダルらしくなります。

データは、全種類を１つにまとめたバージョンがあります。

縮小印刷をしてシール代わりに使うこともできます。連絡帳やプリントに貼ると、子どもたちが喜びます。

6 賞状＆ありがとうカード

データは
こちらから！

「がんばったね！」「すごいね！」「ありがとう！」が自然に言い合えるクラスは、ニコニコ笑顔がいつもいっぱいです！

ひょうしょうじょう

ねん　くみ

さんは、

を

がんばりましたので、

これをおくります。

月　日

たんにん

賞状①　1-6-001

ひょうしょうじょう

ねん　くみ

さんは、

を

がんばりましたので、

これをおくります。

月　日

たんにん

賞状②　1-6-002

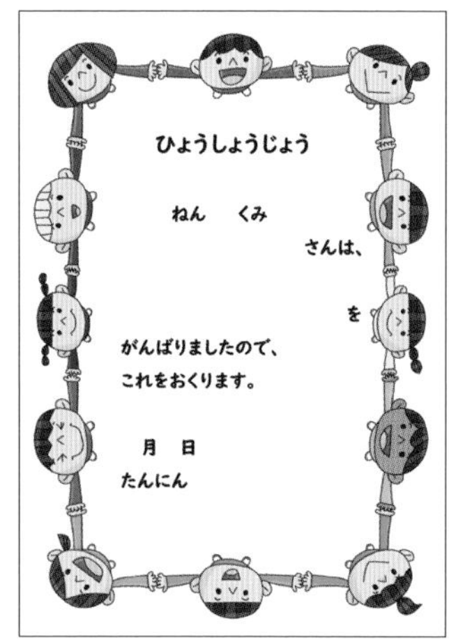

ひょうしょうじょう

ねん　くみ

さんは、

を

がんばりましたので、

これをおくります。

月　日

たんにん

賞状③　1-6-003

ひょうしょうじょう

ねん　くみ

さんは、

を

がんばりましたので、

これをおくります。

月　日

たんにん

賞状④　1-6-004

ありがとうございます

ありがとうカード① 1-6-005

ありがとうカード② 1-6-006

ありがとうカード③ 1-6-007

ありがとうカード④ 1-6-008

わくわく POINT!

モノクロ印刷して、子どもたちに自由に色を塗らせたものを教室の壁に貼ると、教室が一気に華やぐとともに、子どもたちのやる気もみるみるアップしていきます。

7 学習カード＆がんばりカード

データは
こちらから！

学習意欲やチャレンジ精神を育むテンプレート。工夫次第でさまざまに活用できるとともに、成長の記録としても活用できます！

学習カード①　1-7-001

学習カード②　1-7-002

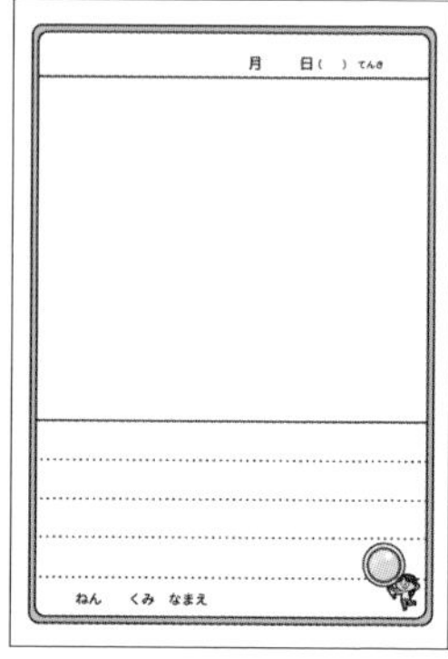

学習カード③　1-7-003

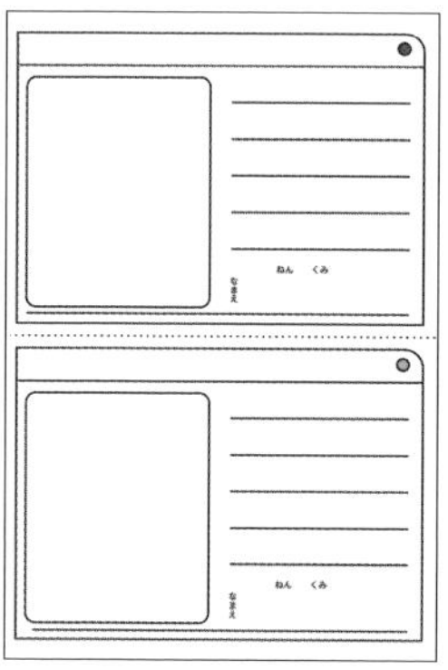

学習カード④　1-7-004

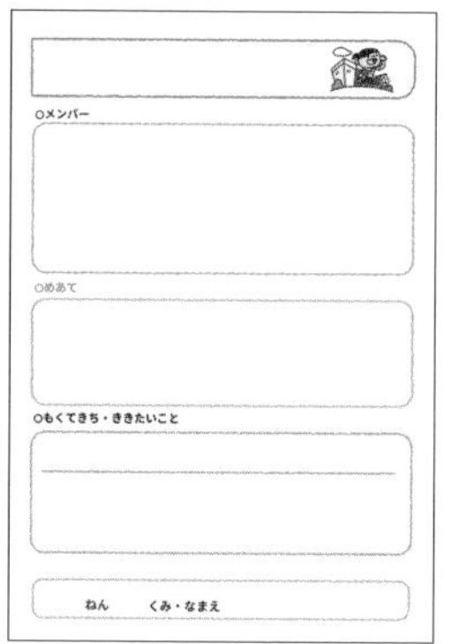

学習カード⑤　1-7-005

学習カード⑥　1-7-006

学習カード⑦　1-7-007

学習カード⑧　1-7-008

学習カード⑨　1-7-009

がんばりカード①　1-7-010

がんばりカード②　1-7-011

がんばりカード③　1-7-012

わくわくPOINT!

「学習カード」は、作品発表やふりかえり、観察記録など、多様に活用できます。

「がんばりカード」は、モノクロ印刷したものに自分で色を塗らせていくと、子ども自身が成長を実感することができます。

8 連絡カード&自己紹介・誕生日カード

データはこちらから！

教師と子ども、子どもと子どものコミュニケーションツールとして
さまざまな場面で役立つテンプレートです！

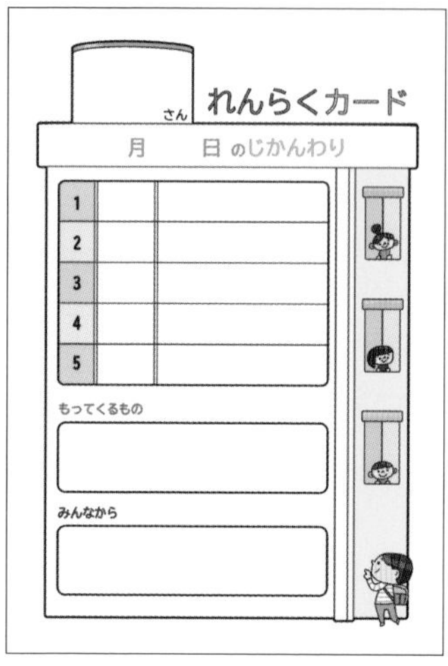

連絡カード①　1-8-001

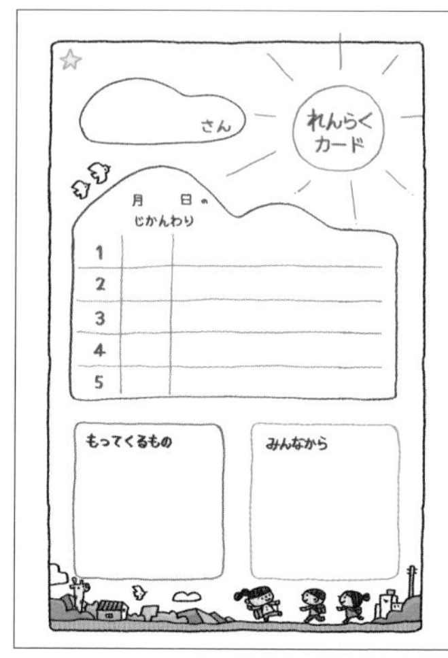

連絡カード②　1-8-002

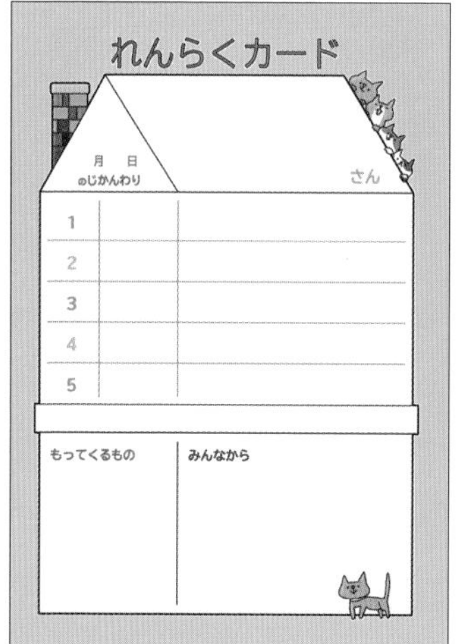

連絡カード③　1-8-003

れんらくカード
さん
月　日 のじかんわり
1
2
3
4
5
◎もってくるもの
☆みんなから

連絡カード④　1-8-004

自己紹介カード　1-8-005

誕生日カード　1-8-006

わくわく POINT!

「連絡カード」は、休んだ子にはもちろんのこと、忘れ物が多い子の確認用にも役立ちます。
「自己紹介カード」は、班の紹介などにもご活用ください。

データは
こちらから！

9 便せん

たった一言でも、手書きで伝えるメッセージは、子どもの心に、保護者の心にしっかりと届きます！

便せん① 1-9-001

便せん② 1-9-002

便せん③ 1-9-003

便せん④ 1-9-004

便せん⑤ 1-9-005

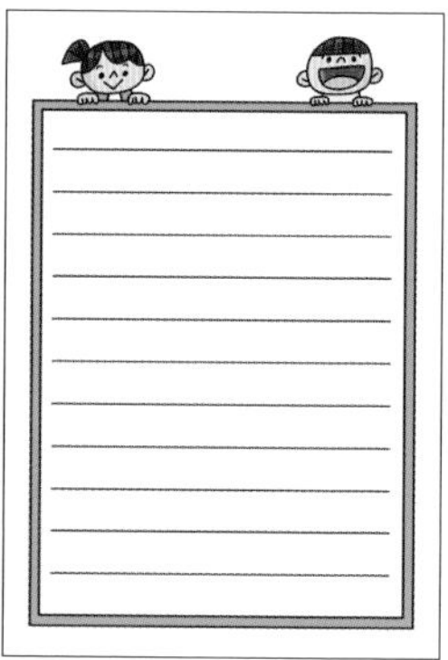

便せん⑥ 1-9-006

便せん⑦ 1-9-007

便せん⑧ 1-9-008

便せん⑨ 1-9-009

便せん⑩ 1-9-010

便せん⑪ 1-9-011

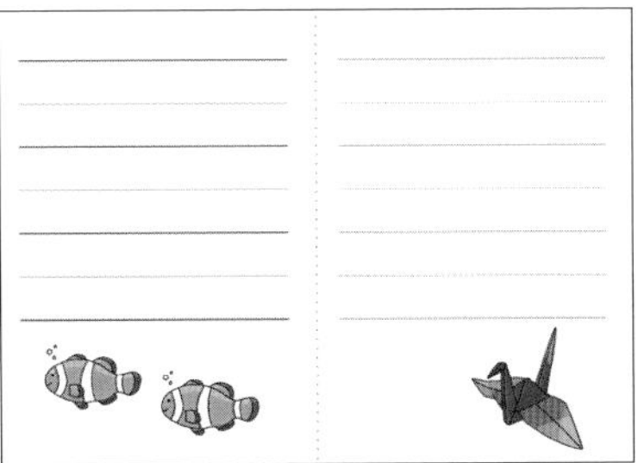

便せん⑫ 1-9-012

わくわく POINT!

お礼状や感想を書くときにもおすすめです。
モノクロ印刷して子どもに色塗りをさせると、文章を書くことが苦手でも少ない言葉で気持ちを伝えられます。

10 ポスター

データは
こちらから！

教室に掲示して子どもに指示や指導を視覚的に促すポスターのほか、授業参観や保護者会で役立つポスターです！

ポスター① 1-10-001

ポスター② 1-10-002

ポスター③ 1-10-003

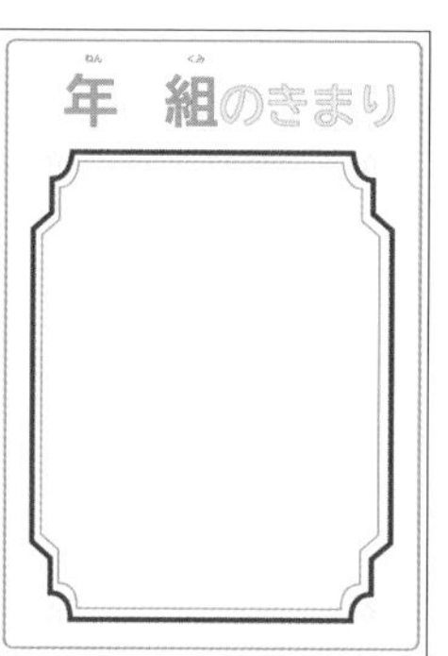

ポスター④ 1-10-004

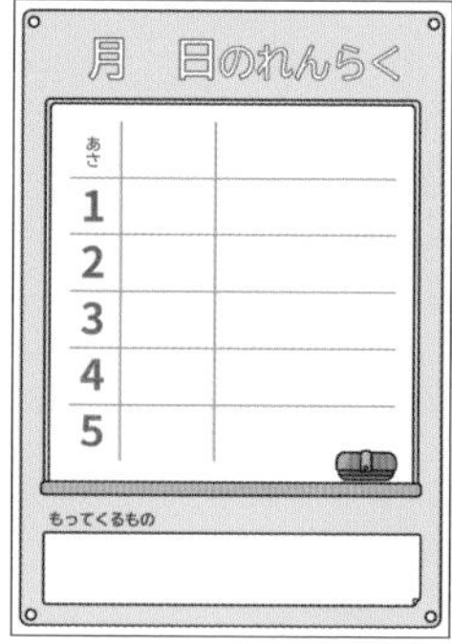

ポスター⑤ 1-10-005

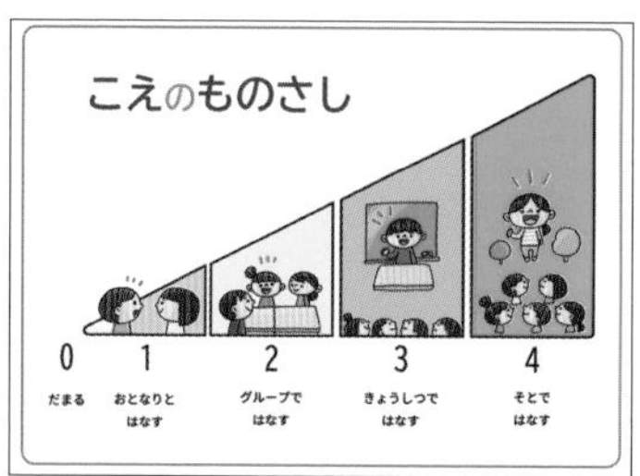

ポスター⑥ 1-10-006

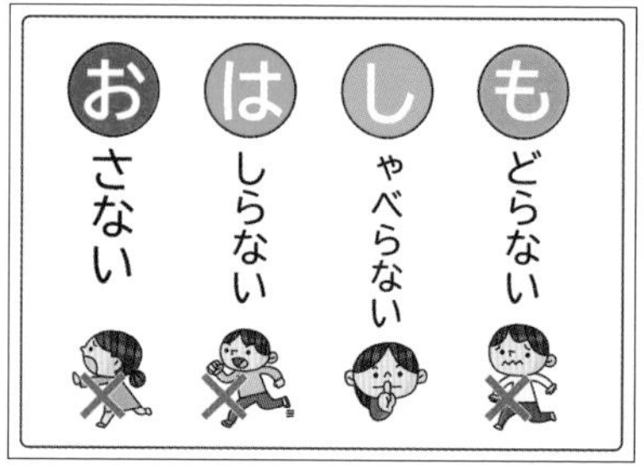

ポスター⑦ 1-10-007

ポスター⑧ 1-10-008

ポスター⑨ 1-10-009

ポスター⑩ 1-10-010

ポスター⑪ 1-10-011

ポスター⑫ 1-10-012

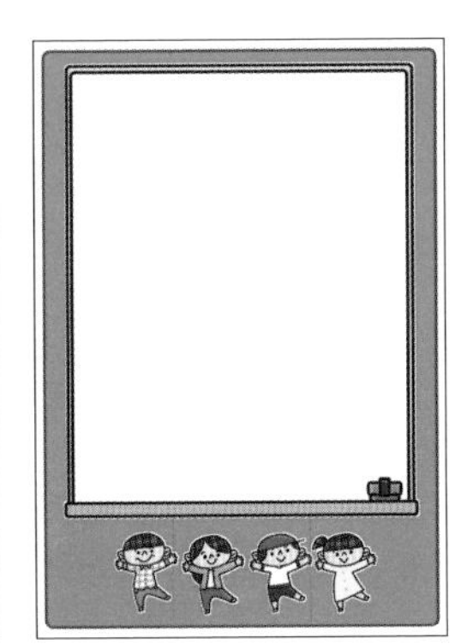
ポスター⑬ 1-10-013

わくわくPOINT!

印刷したものをラミネート加工すれば、黒板に貼って１年中使えます。また、来校する人にとっては、玄関にちょっとした案内があるとうれしいものです。

11 壁面かざり

データは
こちらから！

わくわくとドキドキでいっぱいの１年生を笑顔にする壁面かざり用のイラストです！　教室がパッと明るくなり、安心感も演出します！

壁面かざり①　1-11-001

壁面かざり②　1-11-002

壁面かざり③　1-11-003

壁面かざり④　1-11-004

壁面かざり⑤　1-11-005

壁面かざり⑥　1-11-006

壁面かざり⑦　1-11-007

壁面かざり⑧　1-11-008

壁面かざり⑨　1-11-009

壁面かざり⑩　1-11-010

壁面かざり⑪　1-11-011

壁面かざり⑫　1-11-012

壁面かざり⑬　1-11-013

壁面かざり⑭　1-11-014

壁面かざり⑮　1-11-015

壁面かざり⑯　1-11-016

壁面かざり⑰　1-11-017

壁面かざり⑱　1-11-018

壁面かざり⑲　1-11-019

壁面かざり⑳　1-11-020

壁面かざり㉑　1-11-021

壁面かざり㉒　1-11-022

壁面かざり㉓　1-11-023

壁面かざり㉔　1-11-024

壁面かざり㉕　1-11-025

壁面かざり㉖　1-11-026

壁面かざり㉗　1-11-027

壁面かざり㉘　1-11-028

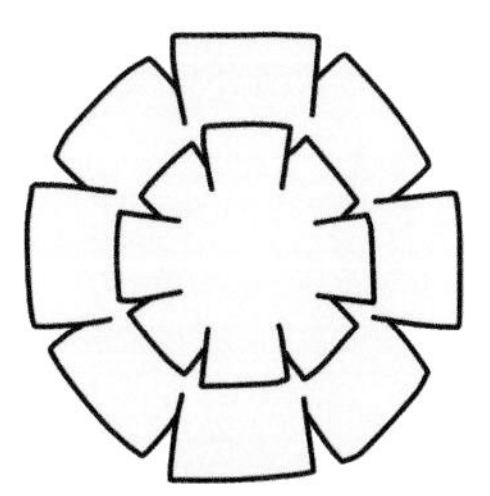
壁面かざり㉙　1-11-029

壁面かざり㉚　1-11-030

壁面かざり㉛　1-11-031

壁面かざり㉜　1-11-032

壁面かざり㉝　1-11-033

壁面かざり㉞　1-11-034

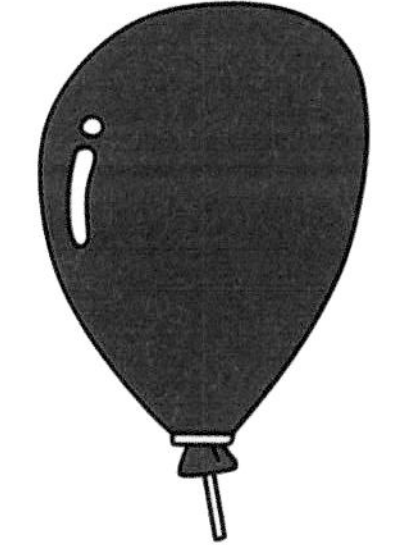
壁面かざり㉟　1-11-035

壁面かざり㊱　1-11-036

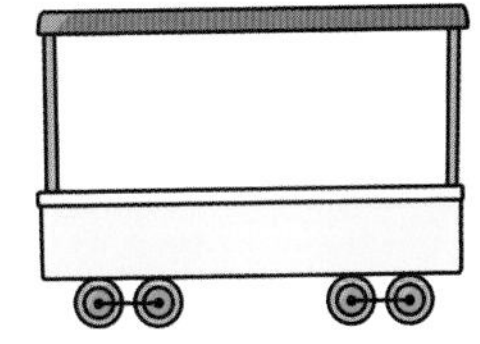
壁面かざり㊲　1-11-037

わくわくPOINT!

入学式や行事、季節のかざりなどのほか、授業参観の教室かざりとしても活用できます。壁面に絵があるとクラスは一気に華やかになります。

子どもと一緒にかざりつけをすると、自分たちの教室を自分たちでつくっている主体的な態度が養われます。

12 イラストいろいろ

データは
こちらから！

学級だよりやお便り、配付プリントのほか、研究報告資料やレジュメの挿絵など、アイデア次第でさまざまに活用できます！

イラスト① 1-12-001

イラスト② 1-12-002

イラスト③ 1-12-003

イラスト④ 1-12-004

イラスト⑤ 1-12-005

イラスト⑥ 1-12-006

イラスト⑦ 1-12-007

イラスト⑧ 1-12-008

イラスト⑨ 1-12-009

イラスト⑩ 1-12-010

イラスト⑪ 1-12-011

イラスト⑫ 1-12-012

イラスト⑬ 1-12-013

イラスト⑭ 1-12-014

イラスト⑮ 1-12-015

イラスト⑯ 1-12-016

イラスト⑰ 1-12-017　イラスト⑱ 1-12-018　イラスト⑲ 1-12-019　イラスト⑳ 1-12-020

イラスト㉑ 1-12-021

イラスト㉒ 1-12-022

イラスト㉓ 1-12-023

イラスト㉔ 1-12-024

イラスト㉕ 1-12-025

イラスト㉖ 1-12-026

イラスト㉗ 1-12-027

イラスト㉘ 1-12-028

イラスト㉙ 1-12-029

イラスト㉚ 1-12-030

イラスト㉛ 1-12-031

イラスト㉜ 1-12-032

イラスト㉝ 1-12-033　イラスト㉞ 1-12-034　イラスト㉟ 1-12-035　イラスト㊱ 1-12-036

イラスト㊲ 1-12-037　イラスト㊳ 1-12-038　イラスト㊴ 1-12-039　イラスト㊵ 1-12-040

イラスト㊶ 1-12-041　イラスト㊷ 1-12-042　イラスト㊸ 1-12-043　イラスト㊹ 1-12-044

イラスト㊺ 1-12-045　イラスト㊻ 1-12-046　イラスト㊼ 1-12-047　イラスト㊽ 1-12-048

イラスト㊾ 1-12-049　イラスト㊿ 1-12-050　イラスト51 1-12-051　イラスト52 1-12-052

イラスト(53) 1-12-053　イラスト(54) 1-12-054　イラスト(55) 1-12-055　イラスト(56) 1-12-056

イラスト(57) 1-12-057　イラスト(58) 1-12-058　イラスト(59) 1-12-059　イラスト(60) 1-12-060

イラスト(61) 1-12-061　イラスト(62) 1-12-062　イラスト(63) 1-12-063　イラスト(64) 1-12-064

イラスト(65) 1-12-065　イラスト(66) 1-12-066　イラスト(67) 1-12-067　イラスト(68) 1-12-068

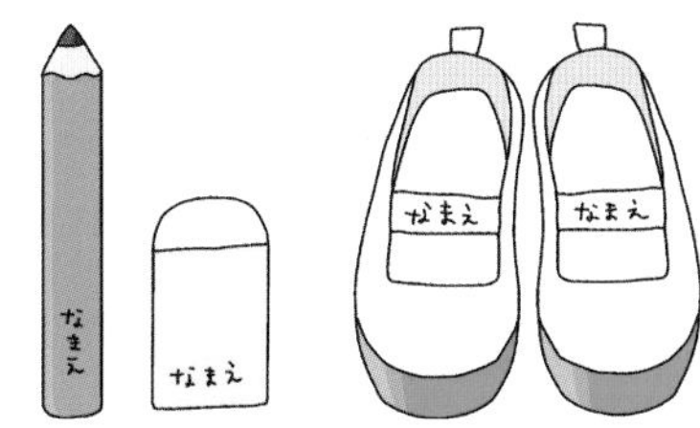

イラスト(69) 1-12-069　イラスト(70) 1-12-070

COLUMN 1

四季折々の表紙に

音読カードなどのプリントは、台紙を作成し、子どもたちに貼り付けさせていく先生が多いのではないでしょうか。

この台紙を作成するとき、同じ構図でありながら春夏秋冬が感じられるイラストを選ぶとより一層楽しくなります。「桜がひまわりになってる！」と子どもは変化を見つけ喜んでくれるでしょう。そして、そのうち、自分だったらと「オリジナルバージョン」を作成するようにもなります。

１年生の子どもにとって、ゼロから何かを生み出していくことはとても難しいですが、子どもたちが自分自身で工夫を始めていくような「種」を教師がたくさん蒔いておくことが非常に大切です。

イラストは工夫の宝庫です。描いてあるものはもちろんですが、どのように描かれているのかを知ることも創造する力を育むためのポイントです。あえてモノクロで印刷し、子どもが色を塗ることでオリジナルバージョンにすることもできます。観察カードなどの年間を通して活用するものには、ワンポイントに自分たちでイラストを入れさせていくと、ぐっとやる気が高まります。このワンポイントに注目することで知識が増えることもありますし、視点を明確化することもできます。

特に１年生では、季節の変化を感じる授業がよくあるため、ワンポイントに四季を感じさせるイラストを取り入れるのもいいですね。

CHAPTER

2

＼まずはここを押さえる！／

1年生担任の基本の「き」

1 小学1年生って、どんな子ども？

「子どもの世界」にどっぷりと浸らせる

小学１年生の子どもたちが、「無邪気でわくわくでいっぱい」というイメージは、もはや昭和のものです。昨今は、傷つきやすく、繊細で、そして、大人の思考に影響されて行動する子どもたちが増えてきています。教師としては、「子どもらしい子ども」でいてほしいなと願うばかりです。

子どもだからこそ、子どもの世界で思う存分生きてほしい。特に１年生であればこそ、そうした時間をたっぷりと味わわせたいものです。まずは担任として、常にそうした意識をもっていることで、子どもたちにとってのはじめての学校生活は、もっともっと楽しくなっていくことでしょう。

子どもには、子どものときにしかない感じ方・考え方があるものです。「できないこと」や「知らないこと」があるのはむしろ大きなチャンス。「失敗を恐れずに自分から行動していく子ども」に育っていってもらえるように、１年生の担任教師としてそのサポートに全力を尽くしていきましょう。

すぐできる子もそうでない子も丸ごと受け止める

小学校に上がったばかりの１年生の子どもたちにとって、知らないことがあるのは当たり前です。幼稚園・保育所でできていたことでも、環境の変化で思うようにできなくなることもあります。教師が前のめりになって期待しすぎず、最初から力を発揮することができる子は数少ないのだと、常に念頭に置いて指導にあたりましょう。

クラス全員が、同じことにチャレンジしても1度の体験ですぐにできるようになる子もいれば、100回の練習が必要な子もいます。しかし、１回でも100回でも問題なし。それが1人１人の子どもの個性、持ち味です。「大丈夫だよ！」と安心させてあげることが教師の役割の１つです。

「楽しい!」「またやりたい!」を育てる

１年生の子どもたちは不安でいっぱいである一方、「自分はなんでもできる」という万能感ももっています。だからこそ教師は、その不安要素の面を前向きな言葉や態度に置き換え、生き生きとした明るい表情でポジティブなメッセージを伝えていきましょう。すると、どの子も「できそうだな！」「楽しみだな！」と感じ取り、たちまちニコニコ顔になっていきます。

まずはチャレンジすること自体がとても大切です。あんなに不安だったのにやってみたら楽しいと感じることは大人にもありますよね。１年生の毎日は、まさに「やってみたら楽しい！」の連続です。そうした子どもたちの姿に、「楽しいね！」と教師も一緒に満面の笑顔で喜びましょう。

わくわくPOINT!

まわりの子どもたちも大いに巻き込みましょう。一緒に「楽しいね！」と喜び合うことで、「またやりたい！」という意欲とともに、「友だちのよさ」も実感させられます。

2 まずは「学校大好き!」を育てる

人との出会いで成長を引き出す

学校生活をスタートさせたばかりの子どもたちには、学校が安全な場所であることを実感させましょう。そのためには、担任教師以外にもさまざまな役割を担う人がいることに気付かせていくことが大切です。例えば、通学路で挨拶をしてくれる交通指導員さん、手をつないで教室まで連れてきてくれる6年生のお兄さんやお姉さん、保健室の先生、隣の席の友だちなどというようにです。

小学校は新しいことを学ぶ場であると同時に、人との出会いがたくさん得られる場でもあります。子どもの世界がどんどん広がり、出会いによって子どもを日々成長させていきます。

「大切な存在」であることを実感させる

同時に、教師として意識したいのは、「どの人もみんなのことが大切で、大好きなんだよ」という思いを実感させていくことです。

例えば、「今日の給食もおいしかったね」「みんなが『給食おいしい』って言っていたから、調理員さんはもっとおいしくしてくれたんじゃないかな」「苦手なナスも食べられちゃうかもね」などというように、どんなことも「特別」だと感じられるように言葉をかけていくことで、子どもの中に「大好き」を増やしていきましょう。

「楽しい」を体感させる

小学校に入学した子どもたちがイメージする勉強とは、「鉛筆を持って何かをすること」です。しかし、入学後すぐの授業は、体験活動や生活ルールを学ぶ場面が少なくありません。

そんなとき、もしも隣のクラスがひらがなの練習を始めていたら、子どもたちは「あれっ、もう勉強しているの？」と焦ったり、不安になることがあるかもしれません。でも大丈夫。まずは担任教師が心を落ち着かせ、体験活動１つ１つの楽しさに意識がいくような声かけでのびのびと取り組ませていきましょう。それぞれの活動に心を開き、夢中にさせることができれば、学校生活を楽しく過ごす姿勢が身につきます。

いわゆるスタートカリキュラムを実施している学校も多いようですが、ここで大切なのは、教師も一緒に楽しむこと。正解は探さずに、子どもと夢中になって体感してください。子どもたちと一緒に思いっきり踊ったり、大きな声を出したりしながら、１つ１つの出来事について感じたことを言葉にしていきます。その体験は必ずや次の学習につながっていくでしょう。

例えば、校庭の散歩でチューリップが咲いていたら、「あっ、赤いチューリップが咲いているね」「チューリップの絵を描こうか(図画工作科)」「何本咲いているかな？(算数科)」「チューリップって、文字ではどう書くの？(国語科)」「水をあげたいね！(生活科)」「6年生にも教えてあげたいね！(休み時間の過ごし方)」などと、学びは無限に広がっていきます。

わくわく POINT!

家に帰ってから、「今日も楽しかったよ！」と話すようになると保護者は安心します。保護者が安心すると子どもはさらに安心します。安心することで子どもは意欲的になっていきます。

3 ちゃんと伝わる&成長を引き出す指導ルール5

ルール１　ゆっくりはっきり話す

１年生の子どもが話を聞いて理解するまでには、どうしても時間がかかります。教師が話をするときは、ゆっくりであることはもちろん、口を大きく開いてはっきりと話すのが鉄則です。

また、目を大きく見開きながら表情豊かにすることで、話の内容はより伝わりやすくなります。明るく張りのある声を意識し、自分の声が前方の壁にぶつかって跳ね返って戻ってくるイメージをもつと、声はより通りやすくなります。

ルール2　子どもの話は語尾までちゃんと聞く

「先生、あのね。ぼくね……」というように、１年生はお話好きが多いです。「先生、聞いて、聞いて！」と、前置きも説明もなく突然話し出す子も少なくありません。子どもたちは会話がしたいのではなく、ただ一方的に話して満足しているため、話題に合わせて質問しても答えが返ってこないこともあります。

だからといって聞き流してしまうのはNGです。楽しそうに興味津々の態度で聞きましょう。「そうなの。うれしかったね！」「先生も見てみたいな」と教師がしっかりと聞く姿勢を見せていくことで、教師や友だちの話を聞くことができるようになります。

また、語尾までしっかり話をさせることも大切です。日本語は語尾で行動が決定することが多いためです。

ルール3　大きな声で大袈裟にほめる

「今日も元気に挨拶できたね」「傘を自分でたためたね」「ランドセルから給食袋をはずせるようになったね」などと、ほめる場面は無数にあります。このとき、どんな小さなことでもみんなに聞こえるように大袈裟にほめましょう。ほめられた友だちを見ると、良い行動がどんどん広がっていきます。これは、注意するよりも効果的です。そして、具体的にどんな行動がどんなふうによかったのかを言葉にして伝えることも大切です。

ルール4　すぐに、そのとき、その場で叱る

叱るべきときは、後から話して聞かせたところでまったく効果は得られません。子どもは忘れてしまいますし、その行動を悪いと自覚していない場合もあるからです。分かりやすく話しながら、同時に「どうすればよかったのか」も一緒に考えて、次回に生かせるようにしていきましょう。「あのときは……」などと、過去はほじくり返さないことも重要です。教師がさっと気持ちを切り替えます。

ルール5　指示・説明は短い言葉で理由とともに

指示・説明は、短い言葉で、行動する順番に、何のためにそうするのかを伝えることが必須です。単に行動だけを指示しても次につながりません。具体的に理由を話すことで、自分で考えて行動ができる子どもになります。子どもたちには、「先生に言われたから」そのように行動したというのではなく、状況に合わせて「自分で判断する」ことができるように成長していってほしいものです。

COLUMN 2

どうしたらいい？ 入学式のスキマ時間

子どもは、ジャンケンが大好きです。ぜひ、この大好きを、入学式当日からフル稼働させていきましょう。

入学式は、教室での待ち時間が発生することがよくあります。「この時間をどうしたらいいの!?」と困る先生が多く、毎年のように相談されることがあります。そんなときこそ、みんなでジャンケンです。

１年生の子どもたちも、ジャンケンであればルールも分かりやすくてすぐに取り組めますし、何度繰り返しても大盛り上がり。少し飽きてきたようなら、「ジャンケンを出すときに１回転してから出す」「思いっきりジャンプしてから出す」などと動きをプラスしていくと、新しい遊びになったように大喜びしながら取り組みます。

また、待ち時間に飽きてきておしゃべりを始める子や、話を聞いてくれない子の存在が気になることもあるでしょう。こうした子どもたちに対して、「静かにさせるにはどうしたらいいの!?」といった相談も少なくありません。

こんなときは、子どもの集中力を高めるゲームがおすすめです。やり方は、教師が両腕を横に広げ、体の前で交差させたり再び広げたりとランダムに繰り返していきます。子どもは、教師の動きをよく見て、教師の手が交差したときに「パン！」と手を叩きます。

このゲームによって、ぐっと集中して教師のことを見るようになり、ゲーム後のお話の時間では、みんな集中して聞くという効果も得られます。

CHAPTER 3

＼スタートが肝心！／

入学準備＆入学式からの1週間

1 幼稚園&保育所との接続ポイント

幼稚園・保育所の特色を存分に生かす

小学校入学は、ゼロからのスタートではありません。幼稚園・保育所では年長さんとしてリーダー的な存在であったこともふまえながら指導する必要があります。そのためには、子どもたちの出身の幼稚園・保育所とは普段から積極的に交流の機会をもつようにしていきたいものです。

幼稚園・保育所には、それぞれの特色があります。例えば、裸足で泥だらけになって思い切り活動するところもあれば、読書に熱心なところ、跳び箱などの体育活動に熱心なところ、子どもの発想を生かして行事を創り上げていくところなどと多種多様です。こうした幼稚園・保育所の特色を担任が入学前に把握しておくことで、小学校におけるさまざまな場面に合わせて子どもの力を引き出すことができます。どの子も活躍できる機会を教師が丁寧に見い出していくためにも、入学前に子どもたちが過ごしたそれぞれの園の持ち味を理解し、それを子どもたちの指導につなげていきましょう。

保護者も小学校へと接続できるように

幼稚園・保育所に子どもが通っているときには、保護者は先生と毎日顔を合わせることができ、その日の子どもの様子を聞いたり、心配なことを相談したりすることができました。しかし、小学校入学後は、そうした日々の関わりがなくなり、「子どもの様子が分からない」などと不安な声を聞くことは少なくありません。つまり、保護者もはじめての小学校生活に戸惑いや心配でいっぱいなのです。

具体的に、保護者が不安に思うことは、「幼稚園や保育所などとの違い」に起因することがほとんどです。そうしたことからも、「小学校ではこのように指導する」ことを理解してもらえるように分かりやすく説明していくことで不安を解消し、協力が得られるようになります。

幼稚園・保育所の先生を教室へ

幼稚園・保育所の先生も、じつは意外と1年生クラスの教室の様子を知らないものです。ぜひ機会をつくって、幼稚園・保育所の先生方に来校してもらうようにしましょう。特に4月に来てもらうようにすると、卒園した子どもたちがどのような様子で過ごしているのかを知ってもらえるため、「連携の視点」がさらに明確になって効果的です。それが難しい場合は、最初の授業参観日もおすすめです。

また、入学式の翌日も有効です。入学式の日は、保護者も一緒で予定がみっしり詰まった特別な日であるため子どもたちも一見問題ないように過ごせます。入学式の翌日こそ、はじめての子どもだけの登校で緊張はマックス状態です。何かと問題が起こりやすい日でもあります。そうした朝に幼稚園や保育所の先生が教室で読み聞かせなどをしてくれることで、子どもたちはとてもリラックスします。

わくわく POINT!

幼稚園や保育所から学べることとして、先生方の話し方や場の雰囲気づくりなどもあります。はじめて1年生の担任になったときには、特に注目して技を盗み、「**壁面かざり**」（▶**P.32〜35**）をフル活用して、明るい雰囲気をつくりましょう。

2　入学式の事前準備

子どもの名前は何度も確認

入学式は、子どもたちにとって「新しい世界のスタート」ですから、細心の注意でミスなく準備をしたいものです。特に子どもたちの名前は、複数の目で何度も確認し、間違いのないようにしましょう。「就学時健康診断」「新１年生保護者説明会」などの機会を有効活用して、入学前の確認を念入りに行うことが不可欠です。

昨今は、ミドルネームがある名前やアルファベットで書く名前などがあり、名簿表記の際には省略してもいいのか、カタカナで書いてもいいのかなどの確認も必要です。また、入力時に変換されないような難しい漢字についても注意が欠かせません。

名前は、机やロッカー、靴箱などに表示しますが、机の名前は机の左側に表示するのが基本です。それは、子どもが自分の名前を書くときのお手本にするためです。靴箱は1番上の段が高く、１年生の子どもには届かない場合もありますので、数に余裕があるのであれば、２段目から使用することにするなどの配慮も必要です。

登下校の不安解消アイデア

はじめてのことが盛りだくさんの１年生ですが、保護者が特に心配しているのは、登下校の時間でしょう。同じ方面でグループ編成する学校が多いと思いますが、入学式の翌日から安心して登下校ができるように、前もって準備しておきたいものです。例えば、グループの目印になるように、コースごとに「ウサギコース」などの名前を付け、ウサギマークのシールをランドセルに貼るなどすると子どもが喜ぶ上に分かりやすくなります。入学式の日に、登下校グループの最終確認をしながらこのシールを渡すようにすると安心です。

また、学区の地図を拡大して掲示しておきましょう。1人1人の名前が書かれたシールを用意して家の場所にシールを貼らせます。普段の登下校だけではなく、家庭訪問の際にも役立ちます。

 入学式会場の椅子は柔軟に

入学式会場の椅子は、きれいに並べるだけではいけません。当然、子どもの数によって列ごとの人数は異なりますが、最終列が1人になってしまう場合などには、前列の椅子を減らして最終列を2人や3人にするなどの工夫が必要です。隣のクラスと椅子の並べ方が違っても問題視せず、何よりも子どもが安心できることを最優先にしましょう。

また、出席番号順に入場して座ることが一般的ですが、「端に座るほうが落ち着いて過ごせる」などの配慮が必要な子どももいます。幼稚園や保育所からの申し送りを丁寧に確認し、細やかな配慮ができるのは、担任に他なりません。必ず会場の確認を行い、変更が必要な場合には、会場担当の先生にお願いします。

わくわく POINT!

名前表示の上に靴を入れるのか、下に入れるのかは迷うもの。子どもに分かりやすいように「**ネームカード**」（▶P.12～13）で見やすく示しながら、手本になる写真を靴箱に貼るのがおすすめです。

3 名前間違いは絶対厳禁

誰でもすぐに直せるように

事前に何度も確認し、万全を期して臨んだ入学式でも、誤りや間違いが発生してしまうことはあります。特に子どもの名札やロッカーなどの名前が間違っていると指摘されたときには、担任だけではなく誰でもすぐに直せるようにしておきます。

子どもはもちろん保護者にとっても、間違っているだけでもショックであるのに、直してもらえるまでに時間がかかっては印象がとても悪くなります。これから信頼関係を築きながら学級づくりをしていかなければならないところに、大きなつまずきになってしまいます。そうならないためにも、名前間違いなど初歩的なミスは絶対に避けたいものです。

予備の紙や油性ペン、ビニールテープ、ハサミなどの道具をまとめ、誰もが対応できる場所に置いておくようにしましょう。応急処置で構いません。しかし、心を込めて謝罪し、スピード感をもって丁寧に修正対応していくことが重要です。

とにかく慌てず丁寧に

新入生の名前を呼ぶシーンは、入学式の定番です。会場ではもちろんのこと、教室に戻ってからも呼名場面はあります。そうした際に必要なのが、フリガナを付した名簿です。たとえ名前を覚えられていても、1人1人顔と名前を確認しながら呼ぶようにするのが鉄則です。また昨今は、男女の扱いについての配慮も必要です。男子であっても「くん」と呼ばれるのが嫌な子もいるかもしれません。そうしたことも想定して、「くん」や「ちゃん」ではなく、全員「さん」で呼ぶようにすると誰も傷つくことがなくなります。

出会いを演出

子どもや保護者にとって、教師に名前を呼ばれて返事をすることは、入学式での重要なイベントです。卒業式も教師に名前を呼ばれて返事をし、卒業証書を授与されるように、小学校のスタートとゴールが「名前を呼ばれて返事をする」で締めくくられるわけです。

保護者は、自分の子どもがちゃんと返事ができるかどうか不安と期待でいっぱいです。たとえ子どもが上手に返事ができなくても、やり直しなどはせずに、全員同じように対応するのが鉄則です。教室での呼名の場合では、ささやくような声しか出せない子には、教師が子どもの近くにいってあげるといいでしょう。子どもの身体の動きで気持ちが分かることもありますし、そうした教師の対応に保護者も安心し、信頼を寄せてくれるはずです。

逆に、「大きな声でお返事ができましたね」などと評価する言葉は入学式ではNGです。入学の日を迎えられた喜びを感じてもらうことのみに専念しましょう。

わくわくPOINT!

入学式の日は特に歓迎の気持ちを表しましょう。目を合わせてから笑顔で名前を呼び、返事をした後に「よろしくね！」と一声かけて握手をするなど、温もりとやさしさを伝えます。

4 配付物とりまとめの必殺技

一覧表とチェック欄をフル活用

入学式には、教科書だけではなくたくさんの配付物があります。子どもたちはもちろん保護者にとっても、見慣れないたくさんの配付物の確認を教室でしてもらうのは非常にハードルが高いものです。そのためにも、帰宅後に確認してもらえるような「配付物一覧表」を準備しておくことが大切です。

配付物一覧表の中には、名前を記入する欄のほかに、足りない配付物に○を付けることができるチェック欄を設けます。あらかじめ保護者には、足りないものがあったときにこの一覧表にチェックをして子どもに持たせるようにお知らせをしておきましょう。

このとき、一覧表でさえも配付物の中にまぎれて分からなくなることがあるため、配付物をまとめて入れる封筒の表に印刷をしてしまうのもおすすめです。

回収は出席番号順で

入学式後しばらくは、承諾書などの全員提出の書類がとても多くあります。その都度、未提出がないかなどの確認が必要となりますが、ただでさえ多忙な新学期、こうした作業はできるだけ短時間で済ませたいものです。ここでカギになるのが、出席番号順に並んだ座席を大いに役立てること。机の上に連絡袋を出してもらい、１人１人確認しながら回収するといいでしょう。

「お手紙はアイロンします!」

配付物については、「必ず連絡袋の中に入れること」のほかに、「配られたら紙の端と端を合わせること」「折り目をしっかりつけること」も最初の段階で指導します。

折り目を付けるときには、「アイロンします！」という表現で伝えていくと子どもたちもイメージがしやすくなって、すぐに取り組めます。また、複数枚お便りがあるときは、１枚ずつ紙を折る時間を確保しましょう。上手に折れずに、見ているだけでイライラしてしまうような子もいますが、そうした場合は見本を見せるように一緒に折るなどして習慣化するまで根気強く指導します。

提出物については、朝、登校してすぐに教師のところに持ってくる指導も大切です。このとき、連絡袋ごとに出すのではなく、箱などを用意し、同じ種類の上に重ねて出せるようにしておくと、効率的です。そのうち友だち同士で「こっちに出すんだよ」などと教え合うようになります。

１年生ですのでもちろん時間はかかりますが、子どもが保護者に確実に渡す役割を果たすことで、家庭と学校との連携が図れるといっても過言ではありません。ここで身につけられれば、この先もずっと困りません。

わくわく POINT!

保健調査やPTAに関するもの、学校だよりや学年だよりなど、種類ごとにホチキスでとめてしまうのも便利です。「**連絡カード**」（**▶P.26**）をチェックリストとして活用していくと子どもにも分かりやすいです。

5 入学式当日から1週間の流れのつかみ方

入学式は希望にあふれるスタートの日

入学式は、とにかく子どもたちが「明日から楽しみだ！」と思える日にすることです。教室がちょっと騒がしくても、泣いてばかりでも、当日は余裕をもって笑顔で対応しましょう。

例えば、担任紹介がされたときに全体に話す機会があったなら、「学校には楽しいことがたくさんあること」を最大限に伝えます。このとき、言葉だけではなく絵を用意したり、表情や身体の動きで表現したりすると、子どもたちはパッと笑顔になり、楽しみな気持ちはどんどんアップしていくことでしょう。

また、教室で行う担任の自己紹介も、「楽しく」が大原則。「先生の名前は、イチゴのい、クルミのく……」というように、１文字ずつ絵入りのカードを出し、名前で言葉遊びをするのも楽しいです。

2日目からは焦らずに基礎・基本から

子どもにとっても教師にとっても、入学２日目が一番緊張する日かもしれません。それは、子どもだけでのはじめての登校となるからです。

２日目は、元気に登校して元気に下校ができれば花丸です。下校するために登校する日のようなものです。小学生にとっては普通の登下校でも、それまではずっと保護者に送り迎えしてもらっていた子も少なくないはずです。「自分１人で歩いたのは、はじめて！」とうれしそうに話す子どももいることでしょう。

朝の支度と帰りの支度

登校後は、「靴を靴箱に入れる」「ランドセルの中身を出して机の中に入れる」「体育着は廊下のフックにかける」「ランドセルをロッカーにしまう」といった一連の流れをゆっくり分かりやすく教えていきます。

言われなくてもすでにできる子もいますが、全員に丁寧に教えていくことが大切です。このとき、写真やイラストなどの図解による見本を見せて身につけさせていくことも効果的です。

また、上手にできている子には教室中に聞こえるようにたっぷりとほめて、良い影響をつくりながら全体に意欲付けしていきましょう。一方で、もしも「もうできてるよ」と言う子がいたら、「大切なことだからみんなに教えるよ。一緒にやろうね！」と友だちと一緒に取り組むことの大切さも伝えていくようにします。

まわりの子どもたちを大いに巻き込んだり、一緒に「楽しいね！」と喜び合ったりしていくことで、「またやりたい！」という意欲とともに、「友だちのよさ」も実感させられます。

わくわく POINT!

子どもたちに、学校生活の楽しさや友だちのよさを実感させるのに、視覚的なものを活用するのも効果的です。伝えたいこと、感じてもらいたいことを表現したイラスト（▶P.36～39）を教室や黒板に貼ってみましょう。

COLUMN 3

学級目標をみんなでつくろう！

１年生の子どもたちに、いきなり「どんなクラスにしたい？」という質問はなかなか難しいものです。学級目標は、ぜひ子どもたちと教師が一緒になってつくっていくことをおすすめします。そのためにも、まずは次のように子どもたちに聞いてみましょう。

「このクラスでよかったと思ったことは、何ですか？」

「楽しいなぁと思ったことは？」

すると、すぐにも子どもたちはこれまでのことを思い出して話し始めます。

「友だちができたこと」

「一緒に遊んだこと」

「給食がおいしかったこと」

こうしたさまざまな発言から、自分たちが目指したい学級の姿が具体化していきます。

さらに、「今も、いいクラスなんだけど、もっとよくするためにはどうしたらいいと思いますか？」と聞いてみましょう。すかさず、「みんなで遊べるようになりたいな」「最後まで泣かないでがんばりたい」という声が飛び交います。これこそが目指したい姿です。

5月になったところで、入学式からの１か月を振り返りながら、子どもたちと一緒に話し合ってみてください。

CHAPTER

4

クラスがまとまる ツボはここ!

最初の1か月

1 登下校指導

いつでも何回でも交通安全指導

言うまでもなく、登下校において交通安全が何よりも大切です。「道路の端を歩く」「信号待ちでは歩道ギリギリの所には立たない」「横断歩道を渡る前に、右、左を確かめ、手を挙げて渡る」などは幼稚園・保育所でも指導されていたことではありますが、小学校までとの大きな違いは、子どもだけであるということです。「自分の命を守ること」は、しつこいぐらいに指導が必要となります。

登下校中は帽子をかぶることがあります。その帽子が風で飛んで、車道に飛び出してしまうかもしれません。たとえ帽子がキャップタイプであっても、ゴムを取り付けるように保護者にはお願いしましょう。多少の手間はあっても、想定される危険は１つも見逃さず、保護者と協力して回避していくようにします。

寄り道せずに前をしっかり見て歩く指導を

通学路は、友だちと一緒の楽しい時間であるとともに、子どもにとって気になるものがたくさんあります。狭い場所を見つければ、「秘密基地」と名付けて脇道にそれてしまうかもしれません。それが他人の家の駐車場であったり、庭だったり。勝手にいろいろなものに触ったりということも。通学路を守ることはもちろん、寄り道せずに帰ることを厳守させる指導は最初が肝心です。

歩き方も要注意です。つい友だちとの話に夢中になり、道に広がって歩く様子も見られます。さらに、雨の日は傘の扱い方がポイントです。視野が狭くなると事故が起こりやすいため、傘を差しつつもしっかりと前を見ることを教えます。そして、傘が人にぶつからないようにすることも教えましょう。実際に見本を見せながら教えると、子どもの理解も早いです。

入学当初の下校は特に要注意

登校は近所の上級生と一緒であったり、登校班での集団登校となるためスムーズに行えることがほとんどですが、下校は何かとトラブルが発生しがちです。

よくあるのが、自分の家が分からないこと。「まさか！」と思うかもしれませんが、意外にもトラブルの筆頭です。入学前の保護者説明会では、家から学校までだけではなく、学校から家までの通学路の確認を親子でするようにお願いしておくといいでしょう。

入学後しばらくは、方面別に分かれて集団で下校することもあります。自分の家が近づいてきたら、集団に別れを告げて帰るのですが、ずっと集団についていってしまい家に帰れなかったということもあります。集団で帰るルートは決まっていますから、どこで集団と別れるのかも保護者に確かめてもらうことも不可欠です。

わくわくPOINT!

下校途中、トイレに行きたくなったり、間に合わなかったりすることが１年生には度々起こります。帰りの支度をする際に、必ずトイレに行くように声をかけることも大切です。

2 元気な挨拶・返事の指導

とにかく反応

１年生の子どもたちには、「名前を呼ばれたら返事をすること」を最初に指導しましょう。説明を受けたときなどにも、必ず返事をすることも身につけさせていきます。このとき大切なのは、分かっても分からなくても返事をすること。具体的には、返事は「はい」だけではないことを分かりやすく教えます。例えば、「分からない」「聞こえない」も返事であって、そうした返事のバリエーションを子どもたちの中に増やしていくように指導します。つまり、コミュニケーションにおけるマナーとして、「話しかけられたら反応を示す」がいかに大切なことであるかを教えていくのです。

はじめから大きな声ではっきりと返事ができることは素晴らしいですが、これを全員に求める必要はありません。第１段階として目指すべきは、とにかく反応を返すことです。みんなの前では話せなくても、教師の耳元でささやくことができるのならば、それをしっかりと認めてあげましょう。受け止めてもらえた体験が、自己表現する意欲へと結びついていきます。

指名されてから「はい!」

授業が始まると、子どもたちに挙手を求める場面が多くなります。

指名される前から、「はい、はい！」と大きな声を出して張り切る子の存在は必ずといっていいほど見られるものですが、学校生活におけるルールとして、指名されてから返事をする指導をします。

自分が話したいばかりの子が多いのが１年生の特徴ですが、友だちが話しているのをさえぎってまで返事をしてしまうと、大切な友だちの話が聞こえなくなってしまいます。人の話を最後まで聞く指導のためには、指名されてからの「はい」が大切であることを丁寧に伝えながら、ルールを身につけさせていきましょう。

挨拶は1日の中にたくさんの種類がある

登校してすぐの「おはようございます」、下校するときの「さようなら」だけではなく、挨拶にはそのときどきに応じてさまざまな種類があります。「どんな場面で、どんな挨拶をするのか」を子どもたちと一緒に話し合いながら覚えさせていく時間をもつようにすると、子どもは進んで挨拶をしようとします。

「遊びに行ってきます！」「ただいま！」「たくさん走って楽しかったよ！」などと、子どものほうから生き生きと教師に言葉をかけてくる場面が増えていくことでしょう。そうした場面が積み重なり、教師に対して話していた言葉がクラス全員にも広がっていきます。

挨拶が端緒となり、友だちへの関心へと広がっていき、学級生活・学校生活を楽しめる子どもになっていくのです。

わくわく POINT!

教室移動は、挨拶のタイミングとして有効です。教室から出るときには「行ってきます」、戻ってきたときには「ただいま」と挨拶することを習慣付けましょう。

3 正しい姿勢と立ち方・座り方指導

立ってから発言する緊張感

「指名されてから返事をする」→「立ち上がる」→「椅子をしまう」→「発言する」→「椅子に座る」。この一連の動作が身についてくると、子どもは安心して発言ができるようになります。

立ち上がって発言をすることは緊張が伴います。発言するだけでも緊張するのに、立ったり椅子をしまったりするうちに話したかった内容を忘れてしまったり、固まって発言できなくなってしまったりすることもあるでしょう。小学校生活にとどまらず、人生において、度々緊張が伴う大切な場面に出会います。どんなときでも、自分の力を十分に発揮できるようにするその一歩として、まずはきちんと立って発言することを習慣付けてあげることです。

毎日、練習すれば必ずできるようになります。1年生のうちにしっかり身につくように、根気よく指導していきましょう。

両足に同じ大きさの力をかけて立つ

両足でバランスよく立つことは、意外と難しいものです。いつまでもふらふらと動いていたり、片方に重心をかけて斜めに立っている状態は日常茶飯事ですが、緊張するとなおさら体が動いてしまう様子はよく見られます。しかし、まだ1年生ですので、最初は大目に見て徐々に改善していきます。まずは、ずっと体は揺れていても、最後まで立って話せたら合格というように、スモールステップで一歩ずつ前進できるように指導していきます。

また、毎回、教師が正しい姿勢の見本を見せて、言葉だけではなく、視覚的にポイントをつかませながら教えていきましょう。言葉の意味を具体的に理解させながら身につけさせていくのが１年生の指導のポイントです。

立つよりも難しい「正しい座り方」

正しい姿勢で立つよりも、さらに難しいのは正しい姿勢で座ることです。椅子の上に足がのっていたり、ずっとぶらぶらしていたり、ふんぞり返って座っていたりしがちですが、両足は床に着けることから指導しましょう。アサガオのツルのように足を椅子の脚に巻き付けている子もいるので、しっかりと確認します。

次に背中です。「背もたれに寄りかからずにピンとする」と伝えると分かりやすいです。机とお腹をグー１つ分あけるといいのですが、椅子をひいて机と体の間隔をつくらずに、自分のお腹をへこませて「グー１つ分あいているよ！」とふざける子どもがいます。１人１人チェックして正しい姿勢を教えていきます。

また、立ったり座ったりするときに椅子の音を立てない指導も大切です。椅子や机から出る雑音は授業の雰囲気を変えてしまいますし、気持ちのいいものではありません。どうすれば音がしないかをクラス全員で試しながら練習してみるといいでしょう。

わくわく POINT！

両足をぴったりとつけて立つと意外と話しづらいため、肩幅くらい開くと話しやすいことも見本を見せて教えます。正しい座り方は、**ポスター①**（▶P.30）を掲示して示しましょう。

4 聞き方・話し方の指導

聞くことは何よりも大切

聞くことは人とのコミュニケーションで何よりも大切なことです。聞くとは「耳」だけではなく、「目」と「心」もつかって聞くことだと伝えましょう。集中して話を聞く姿勢として、おへそを話し手に向けることも教えます。子どもたちが話を聞く態度を身につけることは、学級内の、そして、その後の円滑な人間関係につながります。

教師の声が聞こえたら、作業の途中であったり、自分が話していたりしても止めて、話を聞く姿勢をとることを約束事とします。とかく１年生は自分が話していることに夢中になると、それを止めることができません。教師が話をしていることに気付いていないことさえあります。

気付かせるためにも、話し手が「聞いてください」や「お話をします」と投げかけて、聞き手が「はい」と返事を返すことを繰り返し行っていきます。気付いていない子どもがみんなの返事の声で気付き、話を聞くスイッチが入っていきます。

「前に立っている人がいるから、話をするんだな。お話を聞こう」と、自ら気付いて話を聞く姿勢に切り替えることができる子どもに育てていきましょう。

表情豊かに聞く

「話を聞く」とは、静かにしていればいいということではありません。話し手に反応を示すことが大切です。楽しい話のときは笑顔で、同じ気持ちや考えだと思ったら頷き、分からないときは首をかしげ、興味深いときは前のめりに。とにかく話し手に、「あなたの話を聞いていますよ」ということを表現することの大切さも教えていきましょう。

こうした姿勢はただ教えるだけではいけません。教師が率先してアクションを起こさなければ、その大切さは伝わりません。幼い頃からDVDやインターネット動画を見てきた子どもたちです。そうしたものに対しては聞き手が反応を示さなくても、どのような態度で聞いていても問題はありません。しかし、人と人が対話するときには、そうはいかないのです。子どもたちは無意識にDVDを見る感覚で教師の話を聞いているかもしれません。そんな時代であるからこそ、反応を示すことの大切さをしっかりと指導したいものです。

語尾まで聞こえる声の大きさで話す

話をするとき、声の大きさは伝える相手によく聞こえることが大前提ですが、隣の友だちに話す声と教室にいる全員に話す声は異なるものです。話すことが好きになるように、1日1回は話す時間を設け、声の大きさを確認させながら最後まで相手が聞きとれる話し方ができるように指導します。

わくわく POINT!

教室に「**こえのものさし**」(▶P.30)を掲示し、それぞれの目盛りごとの大きさをみんなで確認していきましょう。それぞれの声の大きさの練習には、クラス全員で取り組みます。

5 鉛筆の持ち方指導

さまざまな種類の線を書いてみよう!

鉛筆を正しく持つことで、きれいな字を書くことができるようになります。きれいな字を書くことができると、子どもの自信につながります。ただし、鉛筆の正しい持ち方を身につけさせることはとても難しいです。保護者も教師も、もしかしたら正しく持てていないかもしれません。まずは教師自身が正しく持つことができているのかを確かめてみましょう。

このとき、あまり厳しく指導してしまうと、字を書くことが苦痛になってしまう子もいるため、伝え方の加減には要注意です。丁寧に指導すると同時に、一方では見逃すこともしながら、根気強く正しい持ち方を指導していきます。

中指に注目

鉛筆は、親指、人差し指、中指の3本で持ちます。しかし、これが子どもにとって非常に難しいようです。特に中指がポイントです。中指は鉛筆を支えるのですが、これができていない子が多く、鉛筆を支えられないのです。

１年生の指導のポイントは、指導の言葉をどれだけ分かりやすくするかです。１人１人丁寧に見ていきながら、「この指がここにあるから、ここにくるように持ってごらん」というように、誤っているところと正しい持ち方を具体的に伝えていきましょう。そして、「**えんぴつのもちかた**」のポスター（▶P.30）を活用しながら、改めて教師が隣で正しい持ち方の見本を見せるようにします。

紙をしっかり押さえる

鉛筆を持っていないほうの手も大切です。紙をしっかりと押さえるように指導します。これによって紙がずれないだけではなく、正しい姿勢も意識できるようになります。すると、自然と指先に力が入り、十分な筆圧で文字を書くことができるようになります。最近は、筆圧が弱いがために字が薄く、何を書いているのか読めない子が多くなったと耳にすることが少なくありません。

また、下敷きの使い方も忘れずに指導しましょう。ノートの1枚下に下敷きを敷かずに２～３枚下に入れていたり、反対側に入れてしまっていることもあります。丁寧に見てあげましょう。

同時に、「鉛筆を正しく持つと、お箸も正しく持てるようになるよ」「鉛筆を正しく持てるようになると、きれいな字を書けるようになるよ」と、鉛筆を正しく持つことのよさを伝えることも上達へと導きます。実際、正しく持てていなくても、字や絵を書くことができれば、子どもは困り感を抱きません。また、幼い頃にしみついた癖を大人になって変えることはとても難しいものです。「よさ」をたくさん伝えて、正しい持ち方を身につけさせましょう。

わくわくPOINT!

はじめからひらがな指導ではなく、線を書くことから始めます。真っ直ぐな横線、縦線や点線、ぐるぐる回転する線。右から左へ、左から右へ。上から下へ、下から上へ。斜め上へ、斜め下へ。鉛筆を持って書くことをとにかく楽しませていきましょう。

6 忘れ物・落とし物の指導

まずは「明日の準備」を自分でできるように

何かを始めるときになって、必ず「先生、ない！」という声が上がるものです。これ、じつは「ない」のではなく、「どこにあるのかが分からない」なのです。入学当初は、特に保護者がお便りにしっかり目を通し、持ち物準備に協力してくれていることがほとんどですが、当の子ども自身がランドセルのどこに入っているのかを把握していないのです。ですので、一緒に探すと、だいたいすぐに出てきます。

「先生、ない！」という声が上がったら、まずは「落ち着いて探してみようね」と声をかけましょう。また、「家の人任せにしないで一緒に明日の準備をすること」「自分で準備することがお兄さんお姉さんになった証拠」と伝えると子どもは張り切ります。

忘れたら正直に伝える

忘れ物をしたときには、正直に伝えられるようにします。このとき、「お母さんが入れてくれなかった～」などと人のせいにすることもあるかもしれませんが、自分の過ちをできるだけ認めさせなければいけません。認めることができれば、だんだん自分で気を付けることができるようになると、分かりやすく伝えていきます。子どもが伝えてくれたら、教師の物を貸したり、友だちと一緒に使うようにお願いしたり、勉強がちゃんとできるように安心させてあげましょう。

忘れ物をしたときは決して見放さず、必ず助けてあげるのが大原則です。同時に、「忘れたからどうするといいのか」までを考えさせるようにします。つまり、「鉛筆を忘れました。先生、貸してください」と話せるようにするのです。忘れてしまったことは、もうどうにもなりません。忘れたとき、どうしたらみんなと同じように授業に参加できるかを考えさせるように指導します。そして、借りた物は丁寧に扱い、お礼を言ってきちんと返却することも必ず教えましょう。

落とし物は無視しない

落とし物があったとき、何もなかったかのように素通りしてしまう場面をよく見かけます。単純に気付いていない場合が多いのですが、落ちている物を拾うことはとてもいいことだと教えましょう。すると、次から次へと「先生、落ちてました」と持ってくる子どもが増えます。すかさず、「ありがとう」と最初は受け取りますが、慣れてきたところで、「物が落ちていた近くの席のお友だちに聞いてごらん」と声をかけます。困っている様子だったら、「『これ落とした？』って聞いてみようね」というように、具体的にどのように話しかければいいのかもアドバイスしましょう。

わくわく POINT!

落とし物を拾ってもらったときは、「ありがとう」と伝えることも忘れず指導しましょう。この「ありがとう」が大切なのです。自分の行いが友だちに感謝され、それによって自分もうれしくなる経験が、心を豊かにしていきます。

7　トイレの使い方指導

基本の使い方を丁寧に教える

トイレは学校生活においても不可欠のものですから、入学式の翌日には必ず基本の使い方を指導します。最近では自動水洗の家庭も増えていますので、レバーをしっかりと手で押し、使用後は必ず流すことを教えます。また、トイレットペーパーのちぎり方では、細かなペーパーが床に散らばり汚れてしまうのを防ぐ方法も伝えます。

男子では、「うちの子は立って用が足せません。どうしたらいいですか？」と保護者から相談されることも少なくありません。和式便器とともに男性用小便器になじみのない子がほとんどで、使い方が分からないということです。最近の学校トイレは洋式が主流だと思いますが、校外学習のときに和式トイレしかない場合もありますから、学校に和式トイレが設置されている場合は忘れずに教えておきましょう。

また、子どもは知らない場所に興味を抱き、ついふざけてしまうこともあります。男子トイレも女子トイレも見学し（もちろん誰も使っていないときに）、興味本位で騒いだりふざけたりしないように指導しておくことも大切です。残念なことに、悪いことはトイレから始まることも多いです。トイレは人間にとってとても大切な場所であってふざける場所ではないことを、小学校入学と同時に、きちんと指導していきます。

もしも、失敗したら

用を足したとき、便器の外を汚してしまっていることがあります。そのままにするのではなく、ペーパーを使って拭くことを教えましょう。合わせて、用を足した後に、ちゃんと水は流れたか、きれいになったかを確認することも忘れないようにと伝えます。高学年でも、流すのを忘れていたり水流が弱かったりして、そのままの状態が発見され、大騒ぎになることがあります。

そうはいっても、自分ではどうにもできなくて困ったときには、近くの大人に声をかけることも伝えておきます。とにかくそのままにして逃げてしまうことはいけないことだと理解させます。

次の人のことも考えさせる

用を足しているときに「紙がありません！」とならないように、トイレットペーパーがなくなったときの取り替え方も教えておきましょう。次に使う人が困らないようにすることも大切なマナーであることを理解させます。

また、手洗いのときには、蛇口のひねり方を教えます。思いっきりひねって水浸しになっていることもありますし、出しっ放しになっていることもあります。水が自動で止まるといった便利な世の中になっていますから、当たり前と思わずにきちんと指導することが大切です。

わくわく POINT!

集団生活において手洗いは欠かせないため、「**手をせいけつに**」**のポスター**（▶P.30）は、トイレ内にも貼っておくといいでしょう。暗いトイレも、ポスターで明るい雰囲気になります。

8 日直・係活動の指導

日直は「今日のリーダー」

日直は、１年生にとってはじめての仕事と位置づけられるかもしれません。まずは朝の挨拶から始めさせていくといいでしょう。みんなの前に立ち、「おはようございます！」と挨拶するのです。みんなもその後に続いて挨拶をします。慣れてきたら、無理なく少しずつ仕事を増やしていきます。「明日は日直だから、学校に行くのが楽しみだな！」となるようにしたいものです。

その後は、朝の会や帰りの会の司会、授業の始まりや終わりの挨拶、給食時の挨拶などの役割も増やし、みんなの前で話ができた自信を積み重ねさせていきます。それが、「学校が楽しい！」につながるのです。

「お仕事見つけ」から始まる当番・係活動

１年生にとって、係活動はとても重要です。学校生活というものを知る機会になると同時に、子どもたちの自主性や有用感を育てることができるからです。

係活動の入り口として、毎日の学校生活の中で仕事になることを見つけさせて取り組ませていくのがおすすめです。教師がやっていることを子どもにやらせてみるところから始めてもいいでしょう。

例えば、「電気をつける・消す」「窓を開ける・閉める」「黒板を消す」などです。そのうち、「こんなことをしたらみんなのためになるんじゃないかな？」を子ども自身が見つけるようになっていきます。いつも机の横にかけている給食袋を持って帰るのを忘れてしまう状況があったら、「帰りの支度のときにみんなの机をまわって声をかける」を仕事にした子どももいました。

自分の身のまわりから自分で仕事を見つけることが大切です。この経験が、今の生活をよりよくするためにはどうすればいいのかを考えて行動できる「創造・工夫ができる子ども」に成長させていきます。

「認め合い」のきっかけに

いつも明るい教室が暗いときに、「どうして今日は暗いのかな？」と聞いてみてください。子どもは、「○○さんがお休みだから暗い」と気付くはずです。そこで、「○○さんが毎日教室の電気をつけてくれているんだね」と話題にしてみましょう。そうすることで、友だちの「がんばり」に気付くことができます。そして、同じように、他の友だちは何をしているのかが気になるようになります。

自分以外の誰かに関心を寄せることが、人間関係をよりよくする第一歩でもあります。一人一役にすることで「認め合い」も自然に生まれていきます。

わくわく POINT!

日直バッジや係のバッチなどを作って特別感を演出するのも効果的です。また、良い取り組みをした子には「**メダル**」（▶P.20～21）で労うと、やる気や気持ちが高まります。

9 給食指導

「おかわり」はうれしい

楽しみなようで、じつは不安に思っている子どもが多いのが給食です。特に入学したての１年生にとっては、家庭では食べたことがないはじめて見る食べ物や料理がたくさん出ます。この食べたことがないものがドーンと目の前にあることによって、食べられなくなることがあるようです。しかし、食べてみたら「おいしい！」となる子がほとんどです。

給食を好きになる工夫の１つが、量の調整です。基準量よりも少なくよそって何度もおかわりするように促すのです。おかわりができたことは１年生の子どもにとっては大きな自信になります。保護者もとても心配しているので、家で「５回もおかわりしたよ！」と子どもが話せば、大きな安心につながることでしょう。

また、苦手な食べ物だけではなく、食べる量と食べる時間のバランスも重要です。例えば、パンは量が分かりやすいので感覚がつかみやすいです。「パンは残さずに全部食べてみよう」と声をかけていくと、そのうち時間内に基準量を食べることができるようになります。食事の途中で「パンは半分くらいになったかな？」などと声をかけると、食べるペースを意識することができます。そして、時間がきたらすっぱり片付けます。残しても平気だけれど、「全部食べることができるようになりたい」と思わせるのがポイントです。

「何を食べているのかな?」

１年生の子どもだと、自分が食べている物が何か分からずに食べているということがよくあります。スープをすべて「味噌汁」と言う子どももいます。

献立名は必ず伝え、さらに、どんな具材が入っているのかも話すようにしましょう。今まで、サラダのキャベツが嫌いだったけれど、炒めたキャベツなら食べられるなどの発見もあります。「おいしい」にも、甘いから、温かいから、シャキシャキしているからなどさまざまな理由があることも伝えます。意識しておいしさを表現することで、給食はもっと楽しくなり、食育にもつながります。

食器は丁寧に扱う

給食で使われている食器は、割れない物が多いです。しかし、割れないからといって雑に扱うようではいけません。投げるように食器をカゴに戻す姿を見かけることもあります。ぜひとも丁寧に扱うように指導していきましょう。

また、こぼしたものを汚そうにする姿も見かけます。食品は汚いものではありません。片付けるときも丁寧に片付けられるように教えます。特に床や机にこぼしてしまったときには、そのままにせずに、きれいに拭き取るようにさせます。

わくわく POINT!

給食ではゴミが必ず出ますが、ゴミは小さくして捨てることも教えます。パンの袋などはくるっと結ぶようにします。最近は紐を結べない子が多くなりましたが、毎日パンの袋を結ぶだけで手先が器用になり、自信をもって活動できる子が増えます。

10 掃除指導

「ぞうきんの達人」を育てる

小学校に入学する前に、ぞうきんを使ったことがない子どもが増えています。はじめての掃除では、まずぞうきんの洗い方や絞り方を丁寧に教えていきましょう。

バケツに水を入れてその中でぞうきんを洗うのですが、これがなかなか難しいのです。洗濯機のようにぐるぐるかき回すときれいになると思っているようなので、両手で持ってこすり合わせてきれいにすることを見本を見せながら指導していきましょう。絞るのも同じように一緒にやります。両手でギュッと握って絞るのだと勘違いしている子は少なくありません。

合わせて、ぞうきんの使い方です。掌に力を入れて拭くこと、汚れがあったらぞうきんの隅を使ってこするときれいになること、床の隅々まで拭くことなどを具体的に伝えていきます。これも実際にやって見せるのが基本です。ぞうきんが上手に使えるようになれば、きれいに掃除を行うことができるようになります。

バケツのまわりに水がこぼれていると滑りやすく、ケガの発生原因ともなりかねません。安全のためにも拭き取ることを教えましょう。最初にバケツに入れる水の量や、バケツの中の水の捨て方も見本を見せながら確認しておくようにします。

机運びは力を合わせて

机を運ぶときには、２人で一緒に机を持ち上げて運ぶようにします。机を床につけたまま運ぶと、ゴミをすべて連れてきてしまうからです。

また、１人で机を運ぶときは、引き出しがない側をお腹につけて両手で持ち上げるようにすると、机の中の物が落ちないことも教えましょう。掃除のときは自分の机や椅子を運ぶのではなく、他の人の机や椅子を運ぶことも最初に指導します。

ほうきは焦らず個別指導

ほうきの使い方は案外難しいので、１人１人にじっくりと教えることがポイントです。全員ができるようになるまでに時間がかかっても、おろそかにはできません。掃き方は、床のタイルのマスを使って教えます。横に動かし、ゴミが横へ横へと移動していくようにさせます。

最後は、ちりとりでゴミを集めます。ちりとりの使い方にもコツがいるので、これも最初に丁寧に教えましょう。ちりとりは置く角度が大切です。むやみに動かさずに、ある程度ゴミを集めるまでは同じ角度で持ち続けることが上手に扱う方法です。大きなゴミについては、ほうきではなく、手で拾って捨てるようにさせます。

わくわくPOINT!

掃除というと、なかなかやる気が出ない子もいますが、そんなときこそかわいいイラストの「**当番表**」（▶P.19）の出番です。カラフルな円盤を教師が笑顔で回しながら、掃除の取り組みへと楽しくいざないましょう。

COLUMN 4

1年生あるある

質問があるときに、急に立ち上がって教師のそばまで来る子どもは少なくありません。分からないときには手を挙げるなど、「困ったときにはどうすればいいのか？」を繰り返し子どもたちには伝えていきたいものです。

また、課題が終わったときにも、すぐに立ち上がって「できた！」と伝えにくる子もいます。作業がすぐに終わってしまう子どもと、取り組み時間がたっぷり必要な子が混在しているのが学級ですが、特に１年生はこの時間の差が大きいのです。

「早く終わったらどうすればいいのか？」についても、具体的な指示が必要です。例えば、見直しをすることの大切さ、よりよいものを求めて工夫する楽しさなど、その都度根気よく伝えていきましょう。

「早いことが偉い！」と思っている子どもが多いのも１年生です。一方で、あまりにも時間がかかり過ぎてしまう子どももいます。日頃から、早い子に合わせるのでもなく、遅い子に合わせるのでもなく、ちょうどいいスピードで進めていくことを言葉かけしていくと同時に、早い子には「丁寧に作業をしたり見直しをしたりすること」、遅い子には「スピードアップできるように意識すること」を教えていきましょう。

CHAPTER

5

学びの土台をつくる！

1年生の授業のつくり方

1 授業ルールの身につけさせ方

その都度丁寧に指導する

教えるべきことを後回しにしては、何の効果も得られません。特に１年生には、その都度、１つ１つ丁寧に指導しながら身につけさせていくことが鉄則です。しかし、そのことだけに意識がいってしまうと、教師からの話ばかりとなります。これでは、話を聞かない子が増えてしまいます。

こうした状況を回避するためにも、「この時間では授業準備の方法を教える」など、ポイントを絞り込むことが大切です。国語科の授業で教えた準備の方法は、算数科の授業でも生かされます。そして、前の授業で習ったことを次の授業に生かせている子は大いにほめてあげましょう。それが波紋のように広がり、努力する子どもが増えていきます。

話すときも聞くときも最後まで丁寧に

授業中は、リラックスした休み時間などとは異なるため、子どもの話し方・聞き方に注意が必要です。どんな場面でも、どんな状況でも、話したり聞いたりできるように、１年生の授業では特に丁寧に根気よく指導していきましょう。

話すときは、語尾まできちんと相手が聞き取れるようにすることを意識させます。そのためには、まずは隣の子とペアになってたくさん話す機会を設けましょう。１年生は、書くことよりも話すことのほうが上手です。書く前に話すことで、自分の考えが整理されていきます。

また、自分が話すことに夢中になりすぎて、友だちの話にあまり興味を示さないのも１年生です。しかし、学校は小さな社会です。いつも自分中心では困ることになります。友だちの話を最後まで聞くマナーは、小学生以降も必要不可欠です。友だちの話をよく聞くことで、理解する力も高められていきます。

机の上はスッキリと

机の上にさまざまな学習道具が置かれ、作業スペースがとれていない子どもが少なくありません。また、教科書の上にノートを置いて書いているなど、物の上に物を置いて学習する状況もよく見られます。これでは丁寧な文字が書けないどころか、読み取ったり、じっくり考えをまとめたりすることもできません。

机の上はいつでもスッキリしていることが大切です。そのとき必要のないものはしまわせて、使いたいときに使いたい物がすぐに用意できるように教科書やノートの置き場所、道具箱の状態を決めることが必要です。算数ブロックなどを使うこともありますから、机を広く使えるように片付けの仕方も見本を見せながら教えましょう。

わくわく POINT!

授業は教師とだけではなく、クラス全員で行うものです。一番前に座っている子どもは後ろを向いて話すなど、席の位置によって体の向きを変えることも教えます。友だちの顔がよく見えて話しやすい向きを一緒に考えるようにします。

2 国語科の授業づくりのポイント

「本が大好き!」な子どもに

１年生は読み聞かせが大好きです。気に入ったものは何度聞いても飽きずに物語に感情移入します。この「物語の世界に入り込む経験」は、子どもの感情や思考の成長にはもちろん、国語科の学習には欠かせないものです。

最近では、１年生でも大人びた感覚をもつ子も多くいます。しかし、子どもの感覚は子どものときだけのものです。学級文庫を設けて子どもが自分自身で好きな本を手に取れるようにして、手に取ったことのない本にもふれる機会を教師が積極的につくっていきましょう。

その１つが、読み聞かせの時間です。朝の会などに定期的に読み聞かせをしていくこともおすすめです。

「あいうえお」の口の形は大げさ

口を開かずに声を発すると、何を話しているのか分かりません。分からない理由は、声の大きさ以上に、口を開かずに話すことで不明瞭になってしまうことがほとんどです。基本の「あいうえお」の口の形を、しっかりと指導しましょう。

「あ」の口は「グーにしたこぶしが入るように」と大げさに伝え

ることで、子どもは意識できるようになります。また、「これから果物の名前を言います」と話してから、声に出さず口を大きく開いて「みかん」などと言ってみましょう。すると「みかん！」と答えるはずです。

声に出さなくても伝わることを知ると、口を大きく開けて話すことの大切さが伝わります。それと同時に、話し手のことをちゃんと見ることの大切さも理解するようになります。

文字の形はほどほどに

１年生といえば「ひらがな指導」です。この１年生の段階で、形の整った文字を書くことができるように指導するのは基本中の基本でしょう。

基本であればこそと、教師も気合いを入れ、指導に力が入ります。しかし、その子のためとはいえ、添削をしたら赤ペンだらけなどということはないでしょうか。以前は、そうした指導も喜ばれる傾向にありましたが、最近では、直されることに拒否反応を示す子どもや保護者が多くなってきました。

１人１人の子どものレベルに合わせて、ここだけはというポイントを定めながらの指導が求められています。文字を書くことが嫌いにならないような意欲を引き出すスモールステップを心がけることがカギとなります。

わくわく POINT!

読み聞かせの時間が定着し、子どもの本への興味が高まってきたように感じたら、少しずつ「**どくしょマラソン**」（▶P.25）にも挑戦させていきたいものです。カードに色を塗らせていくことで、達成感やチャレンジ精神も育ちます。

3 算数科の授業づくりのポイント

数字の書き方練習を繰り返す

算数科では、数字の書き方指導が重要です。高学年になっても、0と6、1と7の区別がつかない子どもがいます。1年生が使用するノートは、1から10までの数字がどのページにも書いてあることが多いので、このタイプのノートを活用します。

しかし、数字だけを繰り返し練習するのでは子どもも楽しくありません。また、繰り返し練習したからといって、そう簡単に定着するものでもありません。ノートを新しいページにするタイミングで、その都度ノートに書いてある数字をなぞるようにさせていくのがおすすめです。

新しいノートや新しいページは、子どもにがんばろうとする意欲を湧き起こさせるものです。ノート1冊が終わる頃には、多くの子どもが形の整った数字を書くことができるようになるでしょう。

足すのか引くのかを決める言葉に注目させる

足し算や引き算は、生活の中において自ずと使われる場面があるため、計算そのものの力は繰り返しの練習で伸ばすことが比較的容易です。しかし、文章問題を正確に読み取り、足すのか引くのかをつかみ取ることは難しいと感じます。

「合わせて」「残りは」というように、足すのか引くのかを決める言葉に着目できるように指導していくことが大切です。その都度、「合わせてだから、足し算だね」というように説明するのも有効ですし、赤鉛筆で「合わせて」を四角で囲ませるようにしていってもいいでしょう。これは、上の学年になってから、割り算やかけ算を学ぶときにも役立ちます。

ただ単に、計算だけを繰り返しても力はつきません。計算だけではなく、自分で問題をつくってみる機会を設けて力を高めさせていきましょう。自作の問題を友だちが解いてくれると、とても喜びます。

体験を通して理解を促す

特に1年生の算数科では、具体的な体験・操作を通して学びが深まっていきます。箱を使った形の学習では、さまざまな箱を集めて遊ぶことで、「この箱は転がるな」「どんどん高く積み重ねることができるな」と学ぶことができるのです。

また、長さや広さなどが頭の中でイメージできても、実際にどのくらいなのかが分からなければ困ってしまいます。

実生活と算数を結び付けることで、その力は伸びていきますし、生活の中でも使おうとすることで算数好きの子どもになっていきます。

わくわく POINT!

大きな数を学ぶときは、生活科で育てたアサガオの種を実際にかぞえさせましょう。自分で育てたアサガオの種をかぞえることはとても楽しい活動です。種を10ずつにまとめていくとかぞえやすいなど、新しい気付きも生まれます。

4　生活科・図画工作科・音楽科の授業づくりのポイント

生活科：自分から関われる子に

　生活科の授業づくりで大切にしたいことは、子どもが自分自身であらゆるものやことに働きかけていけるように教師がいざなっていくことです。

　植物、動物、友だち、教師、学校、地域の人など、ありとあらゆることに興味を抱かせるような広い世界の話や情報などを提供していくようにしたり、教師自身の体験談なども積極的に語るようにしたりします。物心がつく前から、保護者が正解を決めていてそれに従って無意識に行動が決められてしまっている子どもが少なくありません。例えば、アサガオの鉢の形や大きさなど、小さなことからでいいので、自分で決めて自分で行動できるような機会をどんどんつくっていくようにしましょう。自分で決めた経験が今後の学習に確実に生きていきます。

　生活科は毎日をキラキラさせるためのものだと教師が強く意識していきます。

図画工作科：好きなものを好きなように楽しめる子に

　教師から「好きに描いていいよ」と指示されると、困ってしまう子どもが多くいます。また、「絵が苦手！」と１年生の子どもでも口にします。絵は、それまでにたくさん描いてきた子どもは楽しんでたくさん描く一方で、すでに苦手だと感じている子はなかなか筆が進みません。

「どうしたら上手に描けるの？」と聞かれたら、「たくさん描くことだよ」と私自身は答えるようにしています。絵はのびのび好きなように描き、そうした作業自体を「楽しい」と実感してもらうことが第一です。まずはたくさん描く機会をつくっていきましょう。

創造する楽しさは、１年生のうちに身につけてほしい力です。また、ときには、はみ出さずに塗るときれいに仕上がる体験や、力を加減して薄く塗ったり濃く塗ったりするなどの体験なども加えていきます。

 音楽科：「みんなで歌うのは楽しいな！」

音楽は楽しいものです。知っている歌でも、知らない歌でも、歌なら何でも歌ってみようとする姿勢を育てることが大切です。また、リズムに合わせて体を動かすことも楽しませていきましょう。

自己表現することを恥ずかしいと感じてなかなかできない子どももいます。そんなときは、教師が一番楽しんでいる姿を見せるようにします。恥ずかしがり屋の子も、そのうちつられて楽しむようになるでしょう。

クラスに楽しむ子が増えれば増えるほど、教室は楽しい雰囲気に包まれて、誰もが自己表現できる教育環境になっていきます。

わくわくPOINT!

生活科・図画工作科・音楽科は、特に自己表現できる場がたくさんあります。上手い下手ではなく、1人1人のよさを認め合える雰囲気づくりとともに、教師自身の個性も存分に発揮させながら、明るく子どもをほめていくことが指導のカギになります。

5 体育科の授業づくりのポイント

着替えは素早く

体育科の時間には、体育着に着替えます。最初におしゃべりをせずにてきぱきとできるように指導しましょう。

着替えた洋服はきちんとたたみ、体育着の入っていた袋の中に入れるようにするとなくなりません。これが身につくと、着替えだけではなく、朝の支度なども素早くできるようになって、時間を有意義に使えるようになります。

１年生は、おっとりしていたり、のんびりしていたりする子どもが多い学年ですので、まずは教師自身が焦らないことが大切です。しかし、早く終わった子どもがずっと待っている状態も違います。着替え終わったら、あとは休み時間にできるなどの特典をあたえながら、時間を無駄にしない工夫をこらします。それが遅い子の意欲付けにつながり、全員が早く着替えられるようになります。

準備運動は丁寧に

準備運動で大切なのは、その効果の説明です。体を伸ばしているようで、まったく伸びていないことはよくありますが、１つの動きがどこに作用しているのかを具体的に伝えます。「ふくらはぎ」など体を表す言葉と合わせて、「うつぶせ」など体の動きを表す言葉の意味が分かっていないこともありますから、1つ1つ確認しながらじっくりと行いましょう。こうした説明が、子どもの語彙を増やしていくことにもつながりますので、決しておろそかにはせず丁寧に教えていきます。

また、昨今の子どもはケガをしやすくなったようにも感じられます。事故防止の観点からも、準備運動を重要視していきたいものです。そのほか、マットの運び方や用具の準備の仕方、縄跳びの縄の結び方なども見本を見せながら教えていきます。小さなことですが、決まりを守ることで楽しく安全な体育科の授業になります。

1人1人に合ったサポートを

鉄棒や縄跳びは、練習をすればするほど上達します。最初はまったくできなかった技も、どんどんできるようになります。

子どもたちのチャレンジ精神や向上心をかき立てるためにも、「**がんばりカード**」(▶P.25)の導入がおすすめです。カードがあることで次のめあてが可視化され、明確になるからです。休み時間にも友だちと教え合いながら練習する姿はほほえましいものです。

運動能力を高めていくためには、自分の能力に合わせた練習や技の選択が不可欠です。そのためには、自分の現在地を受け止めさせると同時に、どんな状態の自分も好きであると感じさせることです。認め合える雰囲気を意識した学習環境づくりをしていきましょう。

わくわくPOINT!

勝敗場面が多いのが体育科です。1年生には負けを受け入れられず、すねてしまう子どもが多いもの。負けたり勝ったりするのが楽しいことだと教えるとともに、勝ちたい気持ちの大切さ、また、勝つためにどうすればいいのかを話し合わせていきます。

COLUMN 5

イラストが苦手な先生へのちょこっとアドバイス

イラストが苦手な先生、そもそもイラストなんてほとんど描いたことがない先生もいらっしゃると思いますが、上手下手などは関係なく、とにかくどんどん描いていただきたいです。イメージは、子どもたちの漢字の練習と同じです。描けば描いただけ、上手になり、身に付きます。

描くときのポイントをご紹介します。

きれいな円や四角を描く

円や四角を描くときは、正円、正方形を意識して描くようにします。それだけで整って見えます。

顔のパーツを寄せる

円や四角に点を３つ付けるだけで顔になります。この３つの点を近くに寄せるように意識してみると、格段にかわいくなるので不思議です。逆に、目や口が離れていると不気味になってしまいます。

教師が描くことに意味がある

子どもたちは、教師に上手な絵を求めているわけではありません。「大好きな先生が描いた絵が見たい」と思っているのです。

「私は上手くないから……」と思っていると筆が進まず、いつまでたっても描けるようにはなりません。

イラストは技術ではなく、気持ち、ハートです。下手でも構いません。とにかく描いて、子どもに積極的に披露してください。それが教師のキャラとしてポジティブに受け入れられ、子どもたちは大喜び間違いなしです。

毎日顔マークを描き続ければ、３月の修了式には上達した絵が見られることでしょう。子どもだけではなく、自身の成長も実感できます。

CHAPTER

6

信頼関係が
みるみるアップ！

保護者対応のポイント

1 保護者は「不安がいっぱい」を前提に

とにかく不安がいっぱい

「小1の壁」という言葉があるように、子どもの小学校入学がはじめてとなる保護者は、不安でいっぱいのようです。

不安要素は、登下校からはじまり友だち関係、勉強などさまざまです。小学生であれば当たり前のことも、１年生の保護者にとっては当たり前ではありません。幼稚園や保育所までは先生と毎日顔を合わせて話をすることができたのに、小学校に上がると担任教師と毎日のように会うことはできないことも起因しています。要は、知らないことによって不安を高めているのです。

そうした保護者からの連絡を受けたら、とにかく丁寧に話を聞くように対応します。「小学校では……」と違いを明確にしていきながら、明るく対応していきましょう。すると、不安はみるみる解消されていくようです。

「不安」を「協力」に変化させる

「うちの子は友だちと仲良くできているかしら？」「仲間はずれにされていないかしら？」と、入学後の保護者の最大の悩みは友だち関係です。「自宅で友だちのことを話していても、なんだか悩んでいる感じがする……」「文句ばっかり言っている……」などと言ってくる保護者には、「友だちとの悩みがあるのは、人と関わっている証拠です」と伝えていきましょう。

誰とも関わっていなければ、友だちとケンカをすることもありません。「あの子のこんなところが嫌い」と言うこともありません。友だちと関わっていれば、思い通りにいかないことや不満なことは必ずあります。同い年の友だちと関わるからこそ、不満が生まれます。そうやって子どもは、友だちとの関わり合い、人間関係を学んでいくのです。

「家だとそんなことはないのに……」、これも当たり前です。家族の中にいるときと子どもの世界にいるときとではまったく異なるのです。例えば、「明日、こうやって話しかけてみたら仲良く遊べるんじゃないかな？」とプラスで受け止めてもらうように協力をお願いしてみることが大切です。

特に１年生は、保護者の協力ありきで保護者と力を合わせながら子どもを成長させていく意識が不可欠なのです。

わくわく POINT!

必ず笑顔でさようならをして帰宅させましょう。学校から帰るなり家で泣いてしまっては、保護者は戸惑うばかりです。できるだけ子どもたちの不安を払拭し、「明日も学校が楽しみだな！」という思いを抱かせて下校させることが大原則です。

2 信頼関係を築く電話連絡のポイント

安心して子どもを任せてもらうには

保護者にとって学校からの電話はドキドキするものです。それは、基本的に問題が起きたときに電話がかかってくるからです。着信だけで緊張するという保護者もいます。保護者が目の前にいないからこそ、やさしい口調で丁寧に話すことを基本としましょう。

昨今は共働き世帯も多く、一度ではつながらないことも多いです。そうしたときには、留守番電話にメッセージを残しておくだけでも印象が違います。また、職員室の先生方にも、誰に電話をかけたのかを共有しておくと、折り返し連絡があったときによりよい対応につなげられます。

マイナスなことを伝える際の基本ポイント

「こんないいところがあるけれども、こんなところもある」という伝え方が保護者に聞く耳をもたせます。人間にはさまざまな面がありますから、マイナスな面もその中の１つだということです。その１つのせいで他の良い面が発揮されなかったり、良い面を認めてもらえなかったり、さらにはトラブルを起こしてしまったりすることもあります。

真摯に説明していきながら、「こんなに素晴らしい面をもった○

○さんの良さが伝わらない（発揮されない）のはとても悲しいことです」と心を込めて伝えましょう。

スタンスは「共に解決！」

保護者が落ち着いてきたら、「どうすれば解決できるのか」を一緒に考えるようにします。「共に解決していきましょう」というスタンスでお願いをしていくのです。電話では、マイナスなことを伝えるのが目的ではなく、マイナスを解消するために何ができるのかを考えるためであることを丁寧に話していきます。

その気持ちが保護者に伝われば、信頼を得られるだけではなく、子どものプラス面もマイナス面も受け止められるようになります。「受け止め」ができれば、保護者も改善に向かって努力していこうとします。しかし、この「受け止め」に至らず、こじれてしまう場合があります。保護者の中には、子どもの行いはすべて自分のせいだと考えてしまう人がいるからです。

保護者に敬意を表しながら、「保護者と子どもは別の人間であること」を前提に話を進めていくと理解が進みます。保護者自身が自分の育て方を責めてしまうようなことは絶対に避けなければなりません。「お家では、○○をお願いします。学校では、○○をしていきますので」というように具体的に役割などを決めて、子どもを成長させていくための運命共同体であることを感じ合いながら電話を終えることを目指していきましょう。

わくわく POINT!

入学後すぐは、「学校から帰るとすぐに寝てしまう」と電話をかけてくる保護者もいますが、新しい環境でがんばっているからこそ疲れが出るので心配ないと、日頃から「**便せん**」（▶**P.28～29**）などで安心メッセージを伝えていくことも大切です。

3 信頼関係を築く連絡帳のポイント

こまめな確認から

入学当初は、連絡帳に保護者からの連絡が書いてあるのかないのかを子どもが把握していないことがしばしばあります。これを面倒に思わず、すべての子どもたちの連絡帳を開いて、連絡事項が書いてあるのかを確かめるようにしましょう。同時に、朝の会などに、「書いてあるときは、先生に朝一番で出してね」と繰り返し伝えていくようにします。書いていないときは出さなくていいことも伝えますが、心配で何回も確かめにくる子もいますし、前日に書かれていることを書いてあるからと提出する子どももいます。「これは昨日のことだから大丈夫」と伝えますが、分かりづらいのは確かです。

こうした状況を回避するためにも、はじめての保護者会などで、連絡があるときには、教師に提出するように子どもに声をかけてもらうことと併せて、付箋を貼ってもらうようにもお願いしておくとスムーズです。

電話連絡との役割分担がカギ

連絡帳の返事は、誤解を招くことがないように分かりやすく書くことが鉄則です。書いた内容が、自分の思いとは別の捉え方をされてしまう場合があるからです。また、文字にするときつい表現になってしまうこともあるので要注意です。

基本的に、連絡帳には保護者からの連絡の返事を書き、込み入った内容については電話で伝えることをおすすめします。逆に、すべてを電話連絡にしてしまうと放課後の時間がとられてしまって他の仕事ができなくなることもあるため、提出物のお願いなどは連絡帳、友だちとのトラブルについては電話連絡というように、連絡帳と電話連絡を上手に使い分けるのが有効です。

保護者心理を理解する

連絡帳は、幼稚園・保育所では保護者が先生に子どもの様子を連絡するために記入していたものですが、小学校では、子どもが明日の時間割などを自分で記入するものです。ここが、小学校との大きな違いです。なかには、小学校に入学しても連絡帳に子どもの様子を毎日記入して提出する保護者もいます。これが続くとなると、返事を書く時間をつくるのも難しくて困ってしまいますが、これも保護者の不安からくるものだと理解して、分かりやすく小学校の方針や連絡帳の使い方を説明していきましょう。私の経験では、「返事はいらないから読んでほしい」という場合が多かったので、そうした気持ちを知ってからは、読んだ後にサインだけをしていました。

保護者は伝えることで安心できるようです。連絡帳は学校と家庭との貴重な連絡ツールでもあるので、困ったときには保護者と学校にとってよりよい方法を一緒に話し合っていくことが大切です。

わくわく POINT!

返事が難しい案件については、「放課後にお電話します」とだけ書いて、直接電話で話すといいでしょう。文字だと伝わりづらいことも話をすることであっさり伝わります。また、「保護者も不安なんだ」と思うことで、心理的負担感も減らせます。

4 不安が吹き飛ぶ授業参観の準備

整理整頓された教室で安心

入学後、はじめての授業参観は、多くの保護者が来校します。自分の子どもは学校でどんな様子なのだろうと、非常に楽しみにしています。子どもたちも、お家の人が来ることで、わくわくドキドキしています。だからこそ、クラスの子ども全員が主役になれるような授業参観にしたいものです。

授業参観の準備は、まずは教室環境を整えることです。入学当初は、教室には荷物が山積みになっているかもしれませんが、整理整頓が鉄則です。また、掲示物も整えましょう。

最初の参観では、子どもの作品はなくても大丈夫です。2回目、3回目と回を重ねてきたら、子どもの作品を掲示します。その際は全員分掲示されているかの確認が必須です。作品は、「好きなものを描いた絵」や「はじめて書いた名前」などがおすすめです。

子どもの笑顔で安心

授業参観の内容は、どの教科でもいいと思います。むしろ保護者には、友だちの顔を覚える機会にしたり、毎朝の健康観察などで話す「自分の好きなもの」を披露する機会にしてもいいでしょう。

また、毎朝みんなで歌をうたっているのならば、それを聞いてもらっても喜ばれます。毎朝の歌であれば、何度も練習していることになりますから、子どもも緊張せずに生き生きと表現できるでしょう。そうすることで、無理なく全員が主役になることができます。

はじめての授業参観は、とにかく子どものテンションを高め、新しくすることよりも習慣になっていることを生かす場にするのがカギです。帰りの支度まで見てもらうと、子どもの様子がよく伝わります。

クラス全員のがんばりで安心

「このクラスで良かった」と思ってもらえるような参観にするために、わざわざ特別なことをしなくても大丈夫。クラスの雰囲気にやさしさや前向きさが感じられるだけで、保護者は安心します。それは例えば、明るく楽しい雰囲気だけれど、時間になったらちゃんと着席して学習の準備をしているなどです。

また、授業の中でハプニングが起こることもあります。例えば、子どもが上手にできなくて泣いてしまうなどです。そんなときは、教師が励ますだけではなく、さり気ない子ども同士の励ましがあったらとてもステキなクラスです。保護者はそういう雰囲気を必ず感じ取ってくれるはずです。

日頃から、友だち同士が関わり合い、助け合うクラスづくりを意識していきたいものです。

わくわく POINT!

最初の授業参観では、「**ネームカード**」（▶P.12～13）にはじめて子どもが書いた名前を掲示しておくと、子どもたちが誇らしい気持ちになるのはもちろん、保護者が目を輝かせて喜んで見てくれます。

5 保護者会の押さえどころ

「子どもの世界」が増えていく不安に寄り添う

幼稚園・保育所までは、子どもに起こるすべての出来事を把握していたのに、小学校に入学してからは分からないことが多いと言う保護者の声を聞きます。しかし、これは成長していく上で当然のこと。子どもには子どもの世界があります。とは言っても、１年生の保護者であれば、そうした状況に慣れるまでには少し時間が必要です。

保護者会では、子どもの様子を分かりやすく具体的に話していくようにしましょう。結果だけではなく、経過も伝えていくことで理解は深まります。また、そのときに行っている教育活動が今後の子どもの成長にどのようにつながっていくのかも説明していきます。

今、目の前のことだけではなく、今後のことまで考えて教育を行っていくことはとても大切なことです。しかし、それは保護者にとっては分かりづらいと感じることもあるため、具体的な事例を紹介しながら伝えていきましょう。

保護者の仲間づくりの場に

保護者自身も、クラスの中に知り合いができると安心です。幼稚園・保育所からの仲良しグループも存在しますが、誰も知り合いがいない人も少なくありません。最近はクラス連絡網の配付がなくなってきていますので、保護者同士で連絡をとることはなかなか難しく、この保護者会が関係づくりに役立てばという思いがあります。
　保護者会の中では、ぜひとも保護者自身の自己紹介も取り入れていきましょう。それによって、気軽に話すことができるような雰囲気ができていけば最高です。今後、もしも子ども同士のトラブルがあったときなどにも、保護者同士の顔が分かれば不安が軽減されます。保護者同士の良好なつながりは学級経営においてとても大切だということもぜひ伝えていきましょう。

プラスのイメージを共有していく

　子どもの出来事は、常にプラスの評価で伝えていきましょう。保護者はとにかく心配していますから、そのときに直面している困難は誰もが通る道、成長過程の１つであると安心してもらいます。そうでないと、失敗は許されないと考えてしまい、その結果、子どもも、保護者も、教師もどんどん追い詰められていってしまいます。
　子どもは失敗を繰り返しながら学んでいくことを保護者会の中で共有していくことが大事です。子どもも、教師も、保護者も、失敗を許容し、常にポジティブに応援できるクラスであるならば、子どもは成長するチャンスがたくさん得られます。マイナスなことも、結果的にはプラスになることを熱く伝えていきましょう。

わくわくPOINT!

参加したいと思ってもらえる保護者会に欠かせないのが、担任教師の人柄です。子どもへの愛情をはじめ、包み込むようなやさしさが感じられたり、元気いっぱいだったり。自分らしさを前面に出して誠実に！　これが信頼を得るポイントです。

テンプレート＆イラスト素材をもっと楽しく使うために

本書のテンプレートやイラスト素材は、小学１年生の学級づくりで使いやすいもの、子どもたちが喜びそうなものを厳選して収録しました。入学式ではもちろんのこと、1年を通してさまざまな場面でご活用ください。

テンプレート

「ネームカード」や「時間割」「当番表」などといった学級経営に欠かせないテンプレートのほか、授業づくりや日々の学習、また、先生方の業務に役立つものなどを収録しています。学校生活や学校行事、各教科の授業でさまざまにご活用ください。

イラスト

壁面かざりとして、また、学級通信や日々のお便り、プリントなどで役立つイラストなどを収録しています。学校行事や研究会のしおりの表紙、学校の公式Webサイト、配信などでもご活用ください。

印刷するときのポイント

テンプレートの枠や絵のはしっこが切れていたりすると、気になってしまう子がいるものです。きれいに収めるためには、印刷設定で「用紙（メディア）に合わせて拡大縮小」を選択するといいでしょう。
テンプレートのデータはA4またはA3、壁面かざり用のイラストデータはA3サイズ出力を前提に作成していますので、ぜひ拡大・縮小の際の目安にしてみてください。

イラストデータは、7cm程度の使用サイズをイメージして作成しています。あまり拡大しすぎると粗くなりますので注意してください。

イラスト選びのコツ

文字ばかりのプリントに、１つでもイラストを載せるだけで子どもの意欲が変わります。何を載せようか迷う人のために、選び方のコツを伝授します。

1 関連や連想するもの

例えば、国語科の場合は、本、物語の登場人物（たんぽぽや鳥など）のイラストなど。

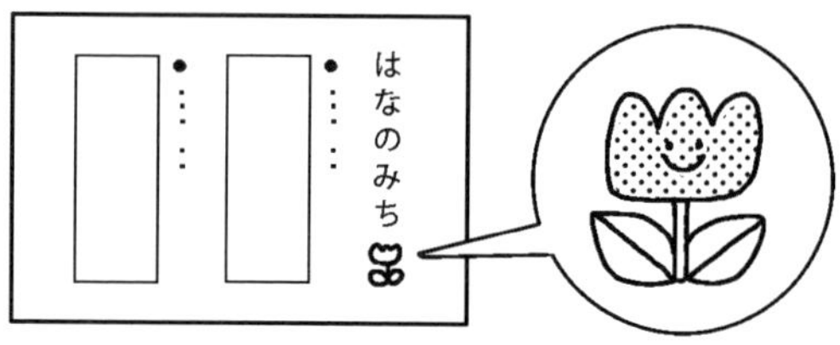

2 季節を合わせる

例えば、算数科のプリントに、春は桜、夏はひまわりなどのイラストなど。

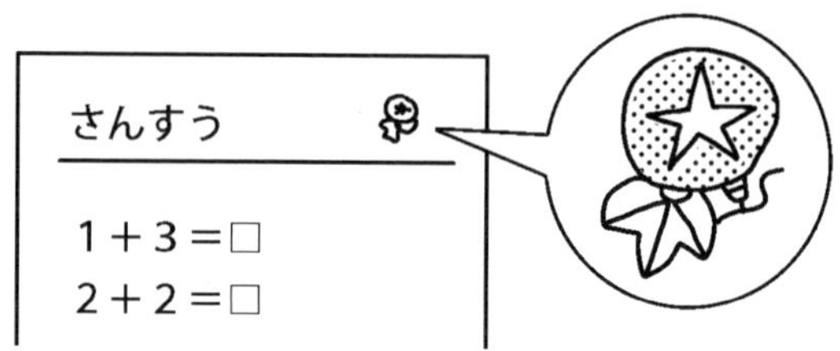

3 実は、なんでもいい

極論を言うと、どんなイラストを載せても子どもは喜びます。例えば、生活科のプリントに太陽や風船、鳥がちょこんとあるだけで笑顔がこぼれることでしょう。冬にかき氷などと季節はずれなものはおすすめできませんが、それ以外だったら先生のイメージでさまざまに工夫してみてください。イラストがあるだけで、紙面の印象がガラリと変わり、子どもの興味・意欲は高まります。

お気に入りの絵を使い続ける

本書に収録されているイラストの中から、ぜひお気に入りを見つけていただきたいです。例えば、「手を挙げている女の子」。このイラストを1年間ずっと使い続けることをおすすめします。それが、子どもにとって先生のゆるキャラのようになったり、クラスマークのようになったりとイメージが育っていくのです。また、このイラストの子に吹き出しを付けて話をさせたり、何かを持たせたりしながら学級通信などで活用していくと、先生が実際に話したり動作しているように伝わっていきます（＊ただし、本書のイラストをSNSのアイコンなどに使うのはご遠慮ください）。

著者紹介

イクタケマコト

福岡県宮若市出身、横浜市在住。
教員を経てイラストレーターに転身。
『Junior Sunshine』（開隆堂）、『CROWN.Jr』（三省堂）、
『たのしいせいかつ』『たのしいほけん』（大日本図書）他、
教科書や教材のイラストを多く手掛ける。
JICA横浜、三井住友建設本社ビル、新横浜駅、福井駅
に壁画を展示。その他にも広告や書籍のイラスト多数。

制作実績
『中学・高校イラストカット集1200』（学事出版）
『主夫３年生』（彩図社）
『まいにち哲学カレンダー』（学事出版）
『としょかん町のバス』（少年写真新聞社）

HP　https：//ikutake.wixsite.com/makoto-ikutake
mail　iku@ymail.ne.jp
X　https：//twitter.com/m_ikutake2
Instagram　https：//www.instagram.com/m_ikutake2/

生武智子（いくたけ ともこ）

神奈川県横浜市出身、横浜市公立小学校教諭。
小学１年生～６年生まですべての学年を幅広く担任。
特に2021年度までは１年生の担任を５年間連続して受けもち、その指導力により所属校を超えて広く若手教師の育成にも尽力。2022年度より、横浜市公立小学校副校長。

小1担任のカンタンかわいい
テンプレート＆わくわく学級づくり

2024年3月22日　初版発行

著　　者　イクタケマコト
　　　　　生武智子
発 行 者　佐久間重嘉
発 行 所　株式会社 学陽書房
　　　　　東京都千代田区飯田橋1-9-3　〒102-0072
　　　　　営業部　TEL 03-3261-1111　FAX 03-5211-3300
　　　　　編集部　TEL 03-3261-1112　FAX 03-5211-3301
　　　　　http://www.gakuyo.co.jp/

デザイン　能勢明日香
印　　刷　加藤文明社
製　　本　東京美術紙工

ISBN978-4-313-65511-9　C0037